I0149738

Para

_____

De

_____

Fecha

_____

JVH
Ministries

Alcanzar las naciones llevando la autenticidad de la revelación de la Palabra de Dios, para incrementar la fe y el conocimiento de todos aquellos que lo anhelan fervientemente; esto, por medio de libros y materiales de audio y video.

El Nombre de Dios Manual

ISBN: **1-59900-093-8**

Segunda edición 2014

Todos los derechos son reservados. ® Lidia Zapico

Esta publicación no puede ser reproducida ni alterada parcial o totalmente, ni archivada en un sistema electrónico o transmitido bajo ninguna forma electrónica, mecánica, fotográfica, grabada o de alguna otra manera sin el permiso previo, por escrito, del autor.

Portada diseñada por: JVH Design Esteban Zapico

Citas bíblicas tomadas de la Santa Biblia, Revisión 1960

©Sociedades Bíblicas Unidas

Categoría: teología/ Divinidades

Publicado por: JVH Publications

Impreso en: USA

El Nombre de Dios

Manual Instituto ICM

JVH
PUBLICATIONS

Lidia Zapico

ÍNDICE

INTRODUCCIÓN

Este interesante libro te llevará a conocer el carácter y la personalidad de Dios, a través de los derivados de los nombre, expuestos tanto en el Antiguo Testamento, como en el N.T.

¿Cuál es el nombre de Dios? Jehová (YHVH) es su nombre. Sin embargo, Moisés suscito una segunda objeción. Israel podría preguntar el nombre de Dios para confirmación de la declaración hecha por Moisés. Él aseguró que había sido enviado por el Dios de sus padres, Abraham, Isaac y Jacob. Es significativo que la pregunta no era ¿Quién es este Dios? Los hebreos sabían que el nombre Jehová había sido conocido por los patriarcas.

La pregunta ¿Cuál? significaba que buscaban la pertinencia del nombre a sus circunstancias. ¿Quién? Indagaba el título, nombre e identidad, mientras que ¿Cuál?, indagaba acerca del carácter, de las cualidades y de la esencia misma de su persona. Dios es el mismo a través de las edades y los tiempos; no cambia.

Cuando entiendas la profundidad de los significado de su nombre, experimentarás lo mismo que cuando Dios se lo reveló a su pueblo: "*te llevara a gozar de las promesas que conlleva su nombre, sacándote de la tierra de aflicción y trasladándote a la tierra de provisión y victoria*".

Dios tenía y sigue teniendo suficientes recursos para acreditar la veracidad de su nombre, por eso te invito a que te atrevas a cruzar la línea de la ignorancia a conocer el carácter de Dios y su personalidad.

Moisés se encontró con la misma esencia de Dios cuando se le reveló el **"Yo soy el que soy"**, este nombre para Dios tiene que ver con su auto existencia y eternidad, esto denota **Yo soy el que es y será**. Él permanece siendo el Dios en todas las edades, tiempos y siglos. Estudiarlo te llevará a un conocimiento más profundo en Dios, relacionándose más profundamente contigo.

Ptra. Lidia Zapico

LECCIÓN 1 – DIOS

La variedad dentro del "Nombre" de Dios. (Usando la lengua hebrea).

📖 *Pero alégrense todos los que en ti confían... porque tú los defiendes; En ti se regocijen los que aman* **tu nombre**. *Salmo 5:11.*

Cada ser humano forja en su mente diferentes conceptos acerca de Dios, su creador. Para que haya cambios radicales en el corazón del hombre, en la familia y en la sociedad, cada individuo debe de instruirse, en quién es realmente Dios. Eso se logra buscando y escudriñando la Palabra de Dios y conociendo el significado real del poder de su nombre. Llegando a alcanzar esto, el hombre puede entender su propósito por lo cual fue creado y qué relación puede obtener con su creador.

Dios ha ido revelando sus diferentes nombres, durante grandes lapsos de tiempo en el trascurso de la historia y a veces, ese lapso a sido un periodo de tiempo de miles de años. Mientras que en el pasado transcurrieron miles de años para poder recopilarlos a cada uno de ellos, hoy tenemos la ventaja de adquirirlos, agrupados en un solo libro de apenas mil quinientas y algo de páginas, llamada La Biblia. Sus nombres dentro de la gran variedad de géneros, han sido revelados y recopilados en ella.

Cada uno de ellos ha sido revelado para que el hombre le conozca y tenga intimidad con Él.

Cuando se refiere al vocablo Dios, como palabra en hebreo encontramos muchas palabras con el mismo significado. Cuando le acompaña una palabra que define una acción, carácter o título, es ahí donde nos referimos a "el nombre". Este no se escribe en plural sino singular.

Mientras en el mismo se encierra toda su esencia. Por eso debemos de estudiar cada uno de los nombres, pues hay una gran variedad, el cual cada uno individualmente revela la personalidad y el carácter de Dios, mientras que todo el conjunto, trae una visión verdadera y global de la persona del todopoderoso Dios creador.

Por eso es tan importante estudiar "**su nombre**" porque cuando se hace, se descubre la variedad de componentes que junto a todos conlleva. Especialmente la profundidad de su persona, dejando atrás la ignorancia, y la carencia del conocimiento correcto acerca de **la divinidad de YHVH.**

Aprendiendo la lengua hebrea

📖 *Porque Jehová [YHVH] vuestro Dios [Elohim] es Dios [Elohim] de dioses, [Elohim] y Señor[Adonay] de señores, [adon] Dios grande, [gadol] poderoso [gibbor] y temible, [yare] Deuteronomio 10:17*

📖 Porque *[YHVH]* *[Elohim]* es *[Elohim]* de *[Elohim]* y *[Adon]* de *[Adon]* grande *[El Gibbor]* y *[Yare]* Deuteronomio 10:17. Oye, Israel: á *[YHVH]* nuestro *[Elohim]*, *[YHVH]* uno es. Deuteronomio 6:4.

Aunque hay una gran variedad de significados en su nombre, aun que reflejan su personalidad y obra, Dios por la eternidad muestra unidad por eso declaro en la antigüedad, YHVH UNO ES. Es decir: ...**es un Dios con muchas características reflejadas en su Nombre**

📖 *Oye, Israel: Jehová [YHVH] nuestro Dios [Elohim], Jehová [YHVH] uno es. [echad]*

📖 *Y amarás a Jehová [YHVH] tú Dios [Elohim] de todo tu corazón, y de toda tu alma, y con todas tus fuerzas. Y estas palabras que yo te mando hoy, estarán sobre tu corazón. Deuteronomio 6:4-6*

La mayoría de los nombres mencionados en las páginas de las Escrituras revelan cuatro cosas muy importantes:

- El carácter del Dios creador.
- Su naturaleza.
- Su personalidad.
- Sus promesas para con el hombre.

Nombres Para Referirse Como Dios

Ejemplo:

1. El - Dios
2. Elohim - Dios
3. 'Eloahh - Dios
4. Adonai - Señor
5. YHVH
6. Poéticamente, Yah, y Yaweh
7. EHYEH AHSEHER EHYEH

Nombres de Dios de Dos Palabras

Ejemplo:

- Elohim Chay
- El Olam
- Adonai Adonai
- YHVH Shalom
- 'Elahh Yisrael

Las virtudes para el que invoca y cree en el "Nombre de Dios".
- Su Nombre era *usado* en los cánticos. Salmo 7:17, 9:2.
- Sería nombrado en la guerra. Salmo 118:10-12
- Su nombre sería alabado para siempre. Salmo 44:8
- Su nombre guiaba al que en Él confiaba. Salmo 31:3
- Su nombre era digno de confianza. Salmo 33:21
- Se debía hacer para siempre memoria de su nombre. Salmo 45:17
- Su nombre defiende al afligido. Salmo 20:1

- Por amor de su nombre *habría perdón de pecados.* Salmo 116:13
- Su nombre era *santo y* temible. Salmo 111:9
- Había temor en las naciones por causa de los que llevaban ese nombre representado. Josué 2:9

LECCIÓN 11 – ELOHIM

Conociendo los vocablos –Dios.

1- *EL – Dios fuerte*

[*EL*] es el Dios que es "fuerte o el Poderoso" El vocablo [*El*] da idea de:
- El Dios de Omnipotencia.
- Todo poder.
- Ilimitado.
- El todo suficiente.
- Que todo lo puede.
- El del gran poder.

[*El*] Es la forma simple de Elohim.
[*El*] es la raíz de Elohim.
Siempre va acompañado de un calificativo que expresa las virtudes y particularidades del Dios creador.

Ejemplo: El Dios que todo lo puede, el fuerte, que no hace acepción de personas.

📖 *Porque Jehová vuestro Dios es Dios de dioses, y Señor de señores, Dios grande, poderoso y temible, que no hace; acepción de personas, ni toma cohecho; que hace justicia al huérfano y a la viuda; que ama también al extranjero dándole pan y vestido. Deuteronomio. 10 17-18*

📖 *Jehová [YHVH] vuestro Dios [Elohim] es Dios [Elohim] de dioses [Elohim], y Señor [Adon] de señores, [Adon] Dios grande [El], poderoso [Gibbor] y temible [yare']. [El] es el vocablo de Dios, muchas veces con los atributos reflejados en "el nombre", que demuestran los atributos de*

Dios como:

Ejemplo: "*Dios el fuerte*, (EL) vencedor". "*El poderoso y temible* (EL) Señor de los ejércitos".

2- *ELOHIM – Dios más de Dos*

Dios, palabra en plural. Es el primer nombre encontrado en el *Tenach* (A.T.) libro del Génesis 1:1 (principio) y es la tercera palabra de las escrituras hebreas. Es el primer nombre en el cual Dios se identifica.
Génesis 1:1. *En el principio /re'shiyth/ Dios [Elohim] creó /bará/* los cielos y la tierra. La palabra Elohim, indica simplemente la definición Dios, y proviene de la raíz que significa *"fuerza, capacidad, poder".* Se usa más de 2,300 veces en la escrituras para referirse al Dios de Israel.

[*Elohim*] también significa:
– El que es Poderoso
– El que se compromete a si mismo por medio de un voto. (Biblia Thompson)

[*Elohim*] es inusual puesto que es plural, este se puede usar también como "dioses". Este nombre plural que se usa para el Único Dios de Israel y abre la puerta a la revelación de la naturaleza múltiple de Dios.

"Hagamos al hombre a nuestra semejanza". En Génesis 1:26 se hace énfasis de *"la Deidad";* en el v.27 se ve *"en la unidad de la Sustancia Divina".* La forma plural de la palabra indica más de uno, pero es uno para pensar y actuar. *Dijo Dios: hagamos al hombre a nuestra imagen.*

También en Génesis 3:22 dice; "*he aquí el hombre es como uno de nosotros".* Cuando Dios habla consigo mismo también usa el término de pluralidad en Génesis 11:7. *"Ahora pues, descendamos, y confundamos allí su lengua".*

Se encuentra tres pasajes que nos revelan a Dios hablando consigo mismo.

📖 Salmo 68:1 *Levántese Dios, sean esparcidos sus enemigos, Y huyan de su presencia los que le aborrecen.*

Analicemos otro ejemplo de su pluralidad:
📖 *Después le apareció Jehová en el encinar de Mamre, estando él sentado a la puerta de su tienda en el calor del día. Y alzó sus ojos y miró, y he aquí tres varones que estaban junto a él; y cuando los vio, salió corriendo de la puerta de su tienda a recibirlos, y se postró en tierra, Génesis 18:1-2.*

Cuando Abraham es visitado por Dios lo hace en forma de tres figuras angelicales, Abraham le pide a su esposa Sara que amase pan y cocine un becerro mientras que Abraham habla con ellos.
El patriarca reconoce a Dios como ADONAI y se postra adorándole, le sirve comida en señal de servicio. Allí Dios le revela el plan que tiene para con él, y su generación futura.

Dios se revela a Israel como uno:
📖 **Escucha,** *[shama]* **oh Israel!** *[Yisra'el]:* **El SEÑOR** *[Yehovah]*, **es nuestro Dios** *[Elohim]*, **el** *SEÑOR* *[Yehovah]*, **es uno.** *['echad]. Deuteronomio 6:4*

Cuando leemos en Deuteronomio ESTE TEXTO se está refiriendo a que sólo EL SEÑOR es Dios, no hay otro Dios. Y Elohim está unido en voto y es uno solo en mente y corazón.

Su pluralidad no lo divide, sino que lo une:
Elohim define muy explícitamente este concepto, y lo revela ampliamente: *"El que se juró a si mismo fidelidad".* Dios es fiel en su unidad tan fiel que se convierte en uno en mente, pensamiento y acción. **No perdamos este concepto de Dios. No se puede dividir ni separar porque Él es UNO.**

Su juramento a sí mismo, lo hace ser una sola mente, por esa razón no dejará nunca de ser uno, revelado en tres personas.

Elohim implica el concepto de:
- – fidelidad
- – unidad
- – pluralidad

Eso es parte de Dios mismo. Tengamos presente este concepto: Al haber multiplicidad y variedad de significado en los adjetivos que muestran su acción, personalidad y cualidad de carácter, no afecta su unidad. Eso no significa, división de ideas porque cada variedad de su Nombre está estrechamente conectado entre sí, con significados que lo llevan a una perfecta unidad, revelando así su gran personalidad, y forma de ser.

3- *ELAHH - Dios*

['Elahh] es otro nombre que se traduce "Dios". Se usa 70 veces en las escrituras. Se combina con otras palabras para enfatizar diferentes atributos de Dios.

4- *ADONAI - Dueño, Señor*

La palabra **Adon** significa "Señor". **Adonai,** es una forma enfática de la palabra [*Adon],* que significa "amo" o "señor" y denota señorío completo o ser dueño legal de algo que le pertenece por legalidad.

Abram llama a Dios por primera vez en Génesis 15:2... *Y respondió Abram: Señor* [Adonai] *Jehová,* [YHVH]... Al proclamarlo así estaba anunciando su fe en el creador y dueño de todas las cosas, que están vivas y existen por su gran poder. También se refiere a señor o dueño como en el caso de Sara que llamaba a su esposo [Adon].

📖 Génesis 18:12. *Se rió, pues, Sara entre sí, diciendo: ¿Después que he envejecido tendré deleite, siendo también **mi señor** ya viejo?*

📖 *1 Pedro 3:6. ...como Sara obedecía a Abraham, llamándole **señor;** de* *la cual vosotras habéis venido a ser hijas, si hacéis el bien, sin temer ninguna amenaza.*

Cuando se refiere a Dios como [*Adonai*] "Dueño absoluto", se nombra en expresión reverente reconociendo su Señorío sobre todo lo creado, y sobre sus criaturas. Dios es el Amo, absoluto y siempre ha ejercido su autoridad. Él quiere que sus criaturas le obedezcan por amor y temor, no por obligación.

📖 *Y dijo: Si ahora, Señor, [Adonai] he hallado gracia en tus ojos, vaya ahora el Señor [Adonai] en medio de nosotros; Éxodo 34:9.*

[*Adonai*] es un término de respeto y reconocimiento para dirigirse a la persona de Dios. Cuando se invoca su nombre [*Adonai*], se debe hacer reconociendo de corazón realmente su grandeza y poderío. La palabra [*Adonai*], exalta su poder de propietario y se le reconoce al invocarlo el señorío absoluto del creador.

📖 *Entonces Moisés, apresurándose, bajó la cabeza hacia el suelo y adoró. v.8*

Muchas veces al pronunciar su nombre, vemos en las Escrituras un hecho de reverencia, una acción que es arrodillarse con la cabeza al suelo, como lo hizo Moisés.

[*Adonai*] es el sustituto rabínico de la palabra YHVH llamado Tetragrámaton.

Se puede traducir literalmente como *"mis señores"*. Es una forma enfática de la palabra [Adon]. [*Adonai*] se traduce usualmente como Señor. Se usa aproximadamente 450 veces en la Biblia.

📖 *Isaías 6:1 Vi a el Señor [Adonai] sentado en un trono, alto y levantado, y sus faldas llenaban el templo".*

La palabra [*Adonai*] denota reverencia, reconocimiento que Dios es dueño absoluto de la situación. Abraham la usó en su dialogo personal con Dios, así como Moisés, Job y varios profetas.

LECCIÓN III – YHVH

5- *YHVH ~ Señor ~ (Soy ~ del verbo Ser)*

En el Tora' [Pentateuco] Yehova es el nombre personal de Dios y su designación más frecuente, ocurre más de 6.800 veces.

El significado de **YHVH - JEHOVA** es SEÑOR. También como se le reveló a Moisés:

- **El que existe en sí mismo y se revela a sí mismo SER**
- **YO SOY**
- **EXISTENCIA ETERNA**
- **AQUEL QUE ES EN SI MISMO**
- **SEÑOR.**

Jehová {YHVH}, muestra la propia esencia de Dios. Se relaciona con el Dios de la Redención y del Pacto que se revela al hombre para salvación. Cuando Dios comisionó a Moisés para ser el libertador de Israel de Egipto, le pidió a Dios su **nombre,** con el fin de validar su papel dado por Dios a los hijos de Israel (Éxodo 3:14).

Dios simplemente le respondió: *"ehyeh-Asher-Ehyeh",* que significa: "YO SOY EL QUE SOY". El cual deriva de la forma primera persona imperfecta /Qal/ del verbo /*hayah*/ "yo seré", indicando una conexión entre el nombre YHVH y el ser mismo en esencia.

YHVH es la existencia de todo ser que respira, por tal razón "Él es necesario" para que todo, siga funcionando.

- Todos ser es *contingente, el cual deriva de la existencia de ÉL. (*que puede suceder o no suceder).
- El nombre YHVH también nos habla de *trascendencia absoluta de Dios (*Aquello que está más allá de los límites naturales y

11

desligado de ellos).

— Él es principio y fundamento de toda posibilidad de expresión, más allá de todas las descripciones definidas.

YO SOY es la primera persona de YHVH. Él es " SER", "EL QUE EXISTE EN SI MISMO" palabra en hebreo que describe a Jehová el Señor.

Historia Breve del nombre YHVH

El nombre de YHVH era objeto de gran respeto por parte de los Israelitas. En Éxodo 20:7 se lee, que Dios mismo prohibió pronunciar el nombre de Dios en vano.

📖 *No tomarás el nombre de Jehová tu Dios en vano; porque no dará por inocente Jehová al que tomare su nombre en vano.*

Entre los principales pecados condenados en el Decálogo, figura éste: *"en no tomar el nombre de YHVH en vano".*

Llegó un tiempo en el cual, fueron los extremos ya que prohibieron rotundamente el pronunciarlo, hasta tal punto en que si un rabí lo declaraba por equivocación, podría hasta pagar con su muerte. Tenían mucho temor a violar este mandamiento; y llegó a tal punto hasta excluirlo la lectura del mismo, sustituyéndola muchas veces por la palabra Señor (Adonai). Este hecho sucedió fuertemente alrededor del tercer siglo d.C.)

La Torah

La palabra Jehová, /YHVH/ se usa aproximadamente 5735 veces en las Sagradas Escrituras traducidas en castellano, el nombre YHVH se nombra más que ningún otro nombre de Dios.

De acuerdo con los rabinos, el Tetragrámaton no se

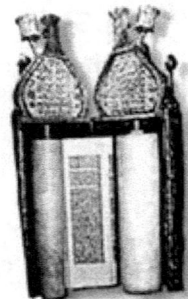

puede pronunciar bajo ninguna circunstancia. Por tal razón se colocaron vocales. (para cambiarle el sonido)

יהוה

Se lee de derecha a Izquierda. -H-V-H- ⟵ Y se refiere asimismo como el Tetragrámaton, que significa *"Las cuatro letras"* porque viene de las cuatro letras hebreas:

Y – Yud
H – Hey
V – *Vav*
H – Hey

Aunque algunos pronuncian YHVH como Jehová o Yahweh (en Inglés), no se conoce la pronunciación correcta. En la lengua castellana se han añadido las vocales e, o, a. para poder pronunciar mejor: (J-e-H-o-V-a) aunque como hemos señalado anteriormente, no es la correcta pronunciación.

La revelación del nombre YHVH

Este nombre proviene del verbo hebreo que significa "ser". **YHVH** enfatiza el "Ser absoluto de Dios" (la existencia absoluta del Dios creador). Él es la fuente de todo ser y toda realidad. Él tiene el Ser inherente (propio) en Sí mismo. **YHVH** denota absoluta derivación de Dios. Él está más allá de toda su creación. Él es sin principio ni fin. Porque Él siempre **"es"** en su existencia y en su personalidad.

La primera vez que se nombra la palabra Jehová

En Génesis 2:4 se nombra por primera vez la palabra YHVH ELOHIM (en este texto vemos el primer nombre junto a otro que forma, Jehová Dios)

*...el día que **Jehová** /YHVH/ **Dios** /Elohim/ hizo la tierra y los cielos.*
El libro de Génesis fue dado a Moisés en el monte Sinaí a través de

ángeles mensajeros. **Moisés es el hombre escogido el cual Dios le revela el significado del nombre YHVH.**

📖 *Éxodo 6:2-3. Habló todavía Dios a Moisés, y le dijo: Yo soy JEHOVÁ. Y aparecí a Abraham, a Isaac y a Jacob como* **Dios** *Omnipotente, mas en mi nombre JEHOVA no me di a conocer a ellos.*

En este texto se hace una asombrosa declaración, Dios revela que los patriarcas Abraham, Isaac y Jacob, no lo conocieron con la revelación de este nombre YHVH. *Sin embargo si como /adonai/, /Yire/. Yo soy el Dios Todopoderoso. /El Shaday/ YO SOY escudo /magen/. Nombres maravillosos. Mas YHVH* le es revelado a Moisés. ¿Por qué? Porque Jehová es el nombre de:
- Pacto de la libertad.
- YHVH es la unción de la liberación.
- En YHVH, el gran YO SOY, estaba escondido Cristo "el libertador". Y Moisés fue escogido para ser el libertador del pueblo, y como profeta que representaba la imagen del Cristo salvador.

📖 Hechos 11:26-27...*como está escrito: Vendrá de Sión* **el Libertador,** *Que apartará de Jacob la impiedad. Y este será mi pacto con ellos, Cuando yo quite sus pecados..*

SEÑOR (YHVH) revela su propia esencia. Jehová se relaciona con el Dios de la Redención y del Pacto que se muestra al hombre para salvarlo.

YO SOY es la primera persona de YHVH. Él es en sí mismo, "SER", "EL QUE EXISTE EN SI MISMO". En su sentido primario el nombre Señor (YHVH) significa **"el que existe en sí mismo"**. En Éxodo3:14 **"El que es lo que Él es"**, por lo tanto el eterno **YO SOY.** En Éxodo 6 se revela a Moisés través de su nombre YHVH el libertador de su pueblo y esto nos muestra tres cosas importantes:
- Los que creen pueden ser perdonados.
- Liberados de su esclavitud.
- Y pueden entrar a tener una relación íntima con Él.

📖 *Éxodo 6: 6-7.* **Yo soy JEHOVA**; *y yo os sacaré de debajo de las tareas pesadas de Egipto, y os libraré de su servidumbre, y os redimiré con brazo extendido, y con juicios grandes; y os tomaré por mi pueblo y seré vuestro Dios; y vosotros sabréis que* **yo soy Jehová vuestro Dios**, *que os sacó de debajo de las tareas pesadas de Egipto.*

En Éxodo 6:1-8. Dios repite cinco veces la expresión YO SOY EL SEÑOR enfatizando su personalidad relevante a Israel. La revelación del nombre YHVH aquí en este texto declara tres grandes cosas:
1. Nos saca de Egipto v.1. *(El mundo y sus placeres)*
2. Nos libera de la esclavitud v.7. *(Nos saca del Reino de tinieblas)*
3. Nos da nueva herencia en el Espíritu. *(Nos da la herencia de hijos. Nos Redime)*

Cuando YHVH se combina con otras palabras se enfatizan los diferentes atributos del SEÑOR. **Nosotros tenemos poderosas promesas para tomar, cuando nos atrevemos a confiar y a creer le a su nombre.**

📖 *Jehová respondió a Moisés: Ahora verás lo que yo haré a Faraón; porque con mano fuerte los dejará ir, y con mano fuerte los echará de su tierra. Habló todavía Dios a Moisés, y le dijo:* **Yo soy JEHOVA**. *Éxodo 6:1-2.*

6- *Poéticamente JAH- Jaweh*

Jah es una expresión que se usa en los textos mas antiguos y en algunos Salmos en forma poética refiriéndose al Señor. Se usa como la palabra abreviada de Jehová.

📖 Salmo 68.4. *Cantad a Dios, cantad salmos a su nombre; Exaltad al que cabalga sobre los cielos. JAH es su nombre; alegraos delante de él.*

📖 Salmo 68.18. *Subiste a lo alto, cautivaste la cautividad, Tomaste dones para los hombres, Y también para los rebeldes, para que habite entre ellos JAH Dios.*

7.- EHYEH AHSHER EHYEH

Yo Soy el que Soy – Yo Seré el que Seré

📖 Exodo 3:13-14...*Si ellos me preguntaren: ¿Cuál es su Nombre? ¿qué responderé? Y respondió Dios a Moisés: YO SOY EL QUE SOY..*

YO SOY – con su raíz primaria, [*hayah*] En Ingles se pronuncia [*Hayah*] y en Castellano [*Jaya*
]. Significa:

- – Existir
- – Ser
- – Llegar a ser
- – Tener lugar

El YO SOY es la profunda revelación de la esencia de YHVH revelado a Moisés, frente a la zarza ardiente. Es la afirmación más elevada que el creyente pude hacer en conjunción con el Dios viviente. (Éxodo 3:14). Este nombre es la profunda revelación del nombre de YHVH (su propia existencia) dada en el libro de Éxodo, tal como fue revelada a Moisés. Jesucristo mismo se identificó con este nombre cuando vino en carne. Jesús dijo: *De cierto, de cierto os digo: Antes que Abraham fuese, yo soy.* Juan 8:58.

Y respondió Dios a Moisés: YO SOY EL QUE SOY. Y dijo: Así dirás a los hijos de Israel: YO SOY me envió a vosotros. Éxodo 3:14.

Yo soy, es la primera persona de YHVH, el ser supremo, el que existe en sí mismo; palabra que describe a **Jehová el Señor**. YHVH revela la propia esencia de Dios así como el Yo Soy. Este se relaciona con el Dios de la redención revelándose al hombre para salvación. Jesucristo como la palabra viviente, como Dios, habló de sí mismo usando el **Yo Soy** como la esencia de su ser ilimitado en el tiempo de su existencia.

Juan 8:58. *Jesús les dijo: De cierto, de cierto os digo: Antes que Abraham fuese, yo soy.*

Jesucristo es expuesto como:

- YO SOY la **raíz y el linaje de David**. *Yo Jesús he enviado mi ángel para daros testimonio de estas cosas en las iglesias. Yo soy la raíz y el linaje de David, Apocalipsis 22:16*

- YO SOY **el alfa y la omega.** *Yo estaba en el Espíritu en el día del Señor, y oí detrás de mí una gran voz como de trompeta que decía: Yo soy el Alfa y la Omega, el primero y el último. Escribe en un libro lo que ves, y envíalo a las siete iglesias que están en Asia... Apocalipsis 1:10 -11.*

—

LECCIÓN IV – LOS NOMBRES DE DIOS

Los nombres generalmente están acompañados del vocablo Dios y se forman cuando más de una palabra se une. Estos trasmiten una más amplia idea del significado. Veamos como ejemplo la matriz [*El*] que significa: Dios fuerte, que implica las virtudes y los atributos de Dios, este también se encuentra acompañado de otros nombres.

Esto le da más redundancia al sentido de la expresión, la idea es ampliada y llena.

Ejemplo 1: Dios [El] más su virtud (ejemplo {fiel}) eso nos muestra su carácter. Porque {fiel} no es nada si no se nombra la persona.

Ejemplo 2: Uno de los nombres de Dios más maravilloso, es [*El Shaddai*], nombre por el cual se reveló al patriarca Abram por primera vez, nos dice en Génesis 17:1. *Era Abram de edad de noventa y nueve años, cuando le apareció Jehová y le dijo:* **Yo soy el Dios Todopoderoso***; anda delante de mí y sé perfecto.*

Analicemos: YHVH se le apareció, y se presentó dándole su nombre; - Yo soy - '*El – Shaddai (todopoderoso, autosuficiente, pero que también se da hacia los hijos).*

EL SHADDAI - El Dios Todopoderoso
  – Dios que fructifica
  – Dios que alimenta
  – Dios que multiplica
  – El Dios Omnipotente
  – El Dios Todo Suficiente

El Dios todopoderoso /*El Shaday*/ se le aparece a Abraham cuando tiene de 90 años, para demostrarle que cuando el hombre no es suficiente, Él es si lo es.

Cuando el hombre pierde las fuerzas, Él es un Dios que proporciona las fuerzas necesarias.

El Saludo "El Saddai te bendiga" fue la presentación de Dios el cual se le aparece a Abraham para demostrarle que Él siempre esta dispuesto para bendecir, porque es el eterno Dios /Shaday/ listo para fructificar y dar fuerzas al que no tiene ninguna.

Más bien es el hombre que se cree autosuficiente y que no necesita de Dios.

El Saludo "El Saddai te bendiga" fue la presentacion de Dios para el patriarca de fe el cual dejo todo atrás para ir adelante y servir al Dios que se le revelo.

📖 *Génesis 28:3-4. Y el Dios omnipotente te bendiga, y te haga fructificar y te multiplique, hasta llegar a ser multitud de pueblos; y te dé la bendición de Abraham, y a tu descendencia contigo, para que heredes la tierra en que moras, que Dios dio a Abraham.*

Esta salutación se hizo popular entre los patriarcas, Abraham, Isaac y Jacob, ya que de los lomos de Abraham salió muchos pueblos y naciones. El Dios de generaciones y multitudes se estaba dándose a conocer. La bendición para los descendientes de Abraham, fue palpable y real. Bendición de extensión física, territorial y económica. La herencia del saludo glorioso bajo el titulo magnifico del Dios Todopoderoso les proporcionaría, una bendición total. Uno de los muchos significados de la palabra [*Shaddai*], viene de [*Shad*] que significa *"pecho"* en hebreo. Es la imagen del pecho que a través de la leche proporciona al bebe recién nacido vida y alimento para su crecimiento. Además "el pecho" es el que lleva la virtud del alimento necesario, también suple y satisface toda necesidad (física y espiritual) para preservarnos de toda enfermedad.

También [*Shad*] viene de la raíz [*She*] en hebreo que significa "quien es suficiente". Dios es autosuficiente para sí mismo y suficiente para el que está bajo su pacto para recibir todo lo proveniente de su mano. Esta bendición pasaría, a todos los creyentes bajo la cubierta del padre de la fe, Abraham.

Dios alimenta y satisface completamente a sus hijos y toma cuidado de todas sus necesidades. Porque es alimento y pan del cielo.

El Shaddai - Tiene tres referencias en su Omnipotencia. La Omnipotencia de Dios es igual a Poder infinito expresado mediante su:
- **Su Nombre**. Génesis 17:1
- **Su Palabra creativa**. Génesis 1:3
- **Sobre la naturaleza**. Amos 4:13
- **Sobre todo lo creado**. Salmo 115:3
- **Sobre todo poder**. Romanos 4:17-24

1. **Omnipotencia** es igual a Poder infinito de Jesucristo, expresado mediante su poder sobre:
   a. las enfermedades. Mateo 8:3
   b. Sobre los espíritus inmundos. Marcos 1:23
   c. Sobre el maligno, adversario de Dios. Mateo 4:1-11
   d. Destino de los que creen. Mateo 25:31-33.

2. **Omnipotencia** es expresado a través del Espíritu de Dios, mediante:
   a. La unción sobre Cristo. Isaías 11:2
   b. Confirmación del Evangelio. Romanos 15:19.

En Génesis 17, Dios se revela a Abraham como, "*el que fructifica*", para sembrar en su vientre, las semillas por la cual sacaría naciones.
Esto lo establecería "por pacto" para hacerle entender que el Dios todopoderoso se complacía en hacer milagros en su siervo y a través de él, bendecir a sus generaciones.

Al recibir la revelación y creerla, las cosas cambiaran en su vida. Ahora caminaría por fe, andaría delante de Dios dependiendo de las fuerzas "del Todopoderoso" no de las de él mismo, ni por su esfuerzo, ni por su obras; sino por las del Dios que se le apareció y se le reveló como "El Shaday".

El Nombre revelado a su vida, sería en su propio cuerpo (ya desgastado), "la energía que daría vida a su sementera".

📖 *Éxodo 6:3. Y aparecí a Abraham, a Isaac y a Jacob como* **Dios Omnipotente,** *mas en mi nombre JEHOVÁ no me di a conocer a ellos.*

A Moisés se le revela la manifestación del nombre "El libertador" más a su siervo Abraham se le manifiesta como "el Dios Todopoderoso".

Dios se ha revelado a través de sus nombres a muchas personas y en diferentes oportunidades y épocas.

Hoy tú tienes la oportunidad de recibir la plenitud del conocimiento de la persona de Dios a través de cada uno de ellos.

Este es el Dios que todo lo puede, el Dios de los imposibles. Cuando el hombre ya no tiene fuerzas es ahí donde Él comienza hacer la obra.
También, Dios es Shaday porque **Él es el Dios que nutre y da poder y en sentido secundario es "el que satisface".** Este nombre presenta a Dios como:
- Sustentador
- Fortalecedor

Jesús mismo se compara con aquello que sustenta y da virtud al cuerpo humano: **Yo Soy el pan de vida.** En si mismo está el poder de nutrición espiritual para el ser humano. Jesús tiene vida dentro de la vida de Dios Padre. Por eso nos invita, exhorta a participar de su carne. Alimentarse de la vida de Dios. El que fue y es la acción, el verbo de Dios hecho carne, es la palabra viviente. Si comemos (en figura espiritual) el rollo o la palabra viviente que representa su carne, viviremos eternamente. El gran Shaday no sólo nos da la vida espiritual a través de su cuerpo, sino que nos hace fructíferos, y nos da vida en abundancia, (solo Cristo tiene el derecho legal de otorgarla), eso es la vida después de la muerte; es la vida eterna.

Las cualidades del Todopoderoso, es dar bendiciones extremadamente buenas, apretadas y rebosantes. *...el que come de este pan, vivirá eternamente. Juan 6:58.*

El Dios Todopoderoso se especializa en lo imposible.

Cuando alguien recibe la revelación del Todopoderoso, su vida tiene que cambiar. Hay tres grandes bendiciones escondidas en este nombre maravilloso:

- **Bendiciones físicas.** Te guarda de enfermedades bajo su protección divina.
- **Bendiciones espirituales.** Bendiciones de lo alto de su presencia.
- **Bendiciones materiales.** Bendiciones de lo profundo de la tierra.

📖 *Génesis 35:11. También le dijo Dios: Yo soy el Dios omnipotente: crece y multiplícate; una nación y conjunto de naciones procederán de ti, y reyes saldrán de tus lomos.* Las palabras de Dios, incluidas aquí por primera vez desde sus promesas en la circuncisión de Abraham, sirvieron como recordatorio de la realeza futura.

Las bendiciones de /El Shadai/ profetizadas a José

📖 *Génesis 49: 24-26. Mas su arco se mantuvo poderoso, Y los brazos de sus manos se fortalecieron Por las manos del Fuerte de Jacob (Por el nombre del Pastor, la Roca de Israel), Por el Dios de tu padre, el cual te ayudará, Por el Dios Omnipotente, el cual te bendecirá Con bendiciones de los cielos de arriba, Con bendiciones del abismo que está abajo, Con bendiciones de los pechos y del vientre. Las bendiciones de tu padre Fueron mayores que las bendiciones de mis progenitores; Hasta el término de los collados eternos Serán sobre la cabeza de José, Y sobre la frente del que fue apartado de entre sus hermanos.*

Estas palabras exponen una extraordinaria experiencia contrastada de crecimiento y prosperidad en medio de un ambiente de hostilidad y conflicto. Ningún otro pueblo es puesto en relación tan directa con la bendición de Dios, como la que es pronunciada sobre José (el cual representa a Cristo). Dentro de estas bendiciones se le revela el nombre del Señor, (en diferentes manifestaciones). Fuese cual fuese la situación o dolor que hubiera tenido que confrontar en su caminar, las bendiciones reveladas a su vida llegarían. Las bendiciones eran tanto en los físico, espiritual y económico.

– **Muchas y abundantes bendiciones:**
Bendiciones del cielo (lluvia en su estación), en el tiempo exacto para la siembra y cosecha, Para recibir 100% de los frutos. Bendiciones del cielo de Dios donde está su trono. Estas son **las bendiciones espirituales** del cielo arriba, a las cuáles debemos buscar en primer lugar y darles preferencia. Luego se añaden las otras. *"La bendición de YHVH es la que enriquece, y no añade tristeza alguna".*

– **Las bendiciones de debajo de la profundidad de la tierra,** este término se refiere a las minas donde se encuentran en lo profundo de la tierra, carbón, oro, diamantes y varios. (Literalmente de las bendiciones que están recostadas en lo profundo, que yace en el fondo del mar), el petróleo.

– **Las bendiciones de la matriz,** se dan cuando los niños nacen con seguridad y se crían confortablemente. En la palabra de Dios, por encima de la cual nacemos otra vez, y somos alimentados allí están las nuevas bendiciones para el hombre y la mujer. *...desead, como niños recién nacidos, la leche espiritual no adulterada, para que por ella crezcáis para salvación. 1 Pedro 2:2.* De la matriz proviene la vida fructífera. Previniendo toda enfermedad. Dios es el Dios que nutre y satisface completa-mente a sus hijos tomando cuidado de todas sus necesidades.

- **Bendiciones eminentes y transcendentes**, que prevalecen sobre las bendiciones de mis progenitores, v. 26. Su padre Isaac tenía que pasar la bendición a sus dos hijos. A la vez Jacob tenía una bendición para cada uno de sus doce hijos. José recibió bendiciones que eran más copiosas que sus progenitores. Abraham fue un hombre rico pero José, fue el primer ministro del país más próspero de su tiempo.

- **Bendiciones durables y extensas:** A los límites extremos de las colinas eternas, incluyendo todas las producciones de las colinas más fructuosas. *Porque los montes se moverán, y los collados temblarán, pero no se apartará de ti mi misericordia, ni el pacto de mi paz se quebrantará, dijo Jehová, el que tiene misericordia de ti. Isaías. 54:10.* Las bendiciones del Dios eterno incluyen las riquezas de las colinas eternas, y mucho más. **José representaba a Jesús despreciado entre sus hermanos, el Nazareno separado para Dios coronado de bendiciones más allá de las terrenales.** La Iglesia tiene similares promesas de vida eterna y ser coheredero con Cristo. La topografía cambiaría, pero no el compromiso firme de Dios con el bienestar de José y su futura descendencia como resultado del nuevo Pacto.

Génesis 49:25. *Por el Dios de tu padre, el cual te ayudará, Por el Dios Omnipotente, el cual te bendecirá Con bendiciones de los cielos de arriba, Con bendiciones del abismo que está abajo, Con bendiciones de los pechos y del vientre.*

LECCIÓN V – EL NOMBRE DE DIOS

CON SU ATRIBUTO DIVINO

EL 'AMAN - El Dios fiel

📖 Deuteronomio 7:9 *Conoce, pues, que **Jehová tu Dios es Dios, Dios fiel**, que guarda el pacto y la misericordia a los que le aman y guardan sus mandamientos, hasta mil generaciones.*

La palabra en hebreo [*aman*] vine de la palabra "apoyo" palabra que se deriva de:

- Sostener, mantener, apoyar.
- Pilares de una puerta
- Casa estable (1 Samuel 25:28)
- Estar seguro, confirmado, establecido, seguro.
- Se refiere a la idea de edificio como base
- Como apoyo financiero.
- Parado, firme,
- Confiable, para confiar, "en quien creer" (Salmo 125:1)
- Verdadero es igual, lleno de verdad *(La suma de tu palabra es verdad Salmo 119:116. (Isaías 25:1)*
- Acoger, adoptar (paternidad). Llevar en Brazos a un niño,
- 'Aman viene de la raíz del verbo, ser duradero, cierto, fiel, lleno de fe, "*se puede confiar en él*",
- "tu apoyo", similar a "es sustento".

De este verbo se derivan tres términos:
1. [*amén*] que significa 'exclamación'. Ejemplo: *"y diga todo el pueblo, Amén". Salmo. 106:48*

2. [met] - que significa, "verdadero"
3. [münah] – "fidelidad"

📖 Nahúm 1:7. *Jehová es bueno, fortaleza en el día de la angustia; y conoce a los que en él confían.*

El profeta Nahum establece que Dios era compasivo y una fortaleza poderosa para todos aquellos que pongan su confianza y esperanza en El. Cada vez que pronunciamos la palabra "amen" estamos asegurando uno de los significados de los nombres de Dios más amplios en su derivado del carácter divino. Este nombre testifica de seguridad, fidelidad, gran confianza, fe, establecimiento y mucho más. Decir "si" es decir Dios es verdadero, decir *amén* es confirmar su carácter guardador de promesas en el cual se puede confiar ciertamente sin dudar en ningún momento sabiendo que El nunca fallara. Todo lo que El [*Dios Aman*] dijo es cien por cien confiable, no hay duda que lo hará. El Dios verdadero es un Dios, en el cual se puede confiar. Ciertamente debemos de creer en Él como un niño está seguro en los brazos de su Padre. (Como el buen pastor que lleva las recién paridas). Ese hecho nos da confianza de amor y seguridad. ... *orarán por Jehová; porque **fiel es el Santo** de Israel, el cual te escogió. Isaías 49:7.*

EL EMUNAH ~ Dios de firmeza y fidelidad

📖 *El es la Roca, cuya obra es perfecta, Porque todos sus caminos son rectitud; Dios de verdad, y sin ninguna iniquidad en él; Es justo y recto. La corrupción no es suya; Deuteronomio 34:4-5*

Dios de verdad sin iniquidad, ni sombra de variación. [*El Emunah*] determina también firmeza real, establecimiento de reino, basado sobre una roca que permanece eternamente.

Toda buena dádiva y todo don perfecto descienden de lo alto, del Padre de las luces, en el cual no hay mudanza, ni sombra de variación. Santiago 1:17

Aquí se utilizan dos palabras diferentes las cuales en la raíz original del griego significan "regalo", esto denota la gracia de Dios y todo lo que incluye para bendiciones y beneficios de aquellos que aman profundamente a Dios. La buena dadiva tiene que ver con el acto de dar y la segunda es don, esto tiene que ver con el regalo o el objeto dado. Todo lo incluido en la manifestación divina siempre es completo y perfecto. Además revela a Dios como el Padre de las Luces, esta es una expresión muy antigua para darlo a conocer como el Creador, donde luces se refiere al sol, la luna y las estrellas, en El ciertamente no hay mudanza ni sombra de variación alguna. Desde el punto de vista humano, los cuerpos celestiales tienen diferentes fases de movimientos y rotaciones, esto tiene que ver también con los días y las noches, a la vez poseen distintos grados de intensidad y sombras, mas Dios en cambio es totalmente diferente, El no sigue esa clase de variaciones porque El nunca cambia y siempre resplandece en todo el firmamento de su esplendor y gloria.

EL GADOL - GIBBOR - YARE- Gran Dios - Poderoso - Temible.

📖 Deuteronomio 10:17. *Porque Jehová vuestro Dios es Dios de dioses, y Señor de señores, Dios grande, poderoso y temible, que no hace acepción de personas, ni toma cohecho; que hace justicia al huérfano y a la viuda; que ama también al extranjero dándole pan y vestido.*

En este texto se nombra seis veces Dios; una YHVH, tres la expresión ELOHIM y dos ADON, además cuenta con tres atributos:

1. **Grande** *en hebreo /Gadol/*. Que significa: alto, elevado, ruidoso, mayor
2. **Poderoso** en hebreo */Gibbor/*. Que quiere decir: fuerte, valiente, gigante, campeón
3. **Temible** palabra hebrea */Yare/.* Que significa: miedo, reverencia, temor

Él es grande en muchas maneras. Su naturaleza, Sus atributos, Sus obras, Su grandeza. En estos tres atributos tienen significados que se asimilan en poder y en grandeza.

*Métete en la peña, escóndete en el polvo, de la presencia **temible** de Jehová, y del resplandor de su majestad.* Isaías 2:10. Muchos son los salmos que exaltan a Dios como "temible" coincidiendo la reverencia, el honor y el respeto que hay que tener no solo al pronunciar su nombre sino al referirse a su persona en general. También se refiere: para causar asombro y admiración. El mundo le resta poder y reverencia cada vez más, pero los redimidos no pueden perder la visión que Dios es un Dios grande y temible y pronto su manifestación será notoria. *...aguardando la esperanza bienaventurada y la **manifestación** gloriosa de nuestro gran Dios y Salvador Jesucristo.* Tito 2:13

EL KADOSH – Dios Santo

📖 *Isaías 5:16. ...pero Jehová /YHVH/ de los ejércitos será exaltado en juicio, y el Dios /El/ Santo /Gadosh/ será santificado /Gadash/ con justicia.*

La Palabra "Santo" tiene dos formas originales de la raíz distinto significado:
1. /**puro**/ /consagrado/
2. /**santidad**/

Dios en su naturaleza es Santo, Los ángeles Serafines proclaman su santidad: *Santo, Santo, Santo toda la tierra está llena de su gloria.* Él habita en su Santo Monte. El Antiguo Testamento clara y enfáticamente enseña que Dios es:

a) **Santo moralmente:** *Porque yo soy Jehová vuestro Dios; vosotros por tanto os santificaréis, y seréis santos, porque yo soy santo;*

 b) **En poder:** *Y dijeron: ¿Quién podrá estar delante de Jehová el Dios santo?*

– Él es el **Santo de Israel.** *Regocíjate y canta, oh moradora de Sión; porque grande es en medio de ti el Santo de Israel.* Isaías 12:6

– Es, **Dios Santo:** *¿A qué, pues, me haréis semejante o me* compararéis? dice el Santo. Isaías 40.25

- El **Nombre de Dios** es santo por eso dice:...y todos bendigan su santo nombre eternamente y para siempre. Salmo 145:21. El salmista manda a los fieles gloriarse en su santo nombre." Y Bendiga todo mi ser su santo nombre".

- Su nombre será santificado más aún con justicia. *Pero Jehová de los ejércitos será exaltado en juicio, y el Dios Santo será santificado con justicia. Isaías 5:16.*

- **Él es Santísimo** y nadie es tan "santo" como Él: *No hay santo como Jehová; Porque no hay ninguno fuera de ti, 1° Samuel 2:2.*

EL YISRAEL – Dios de Israel.

📖 *Temible eres, oh Dios, desde tus santuarios; El Dios de Israel, él da fuerza y vigor a su pueblo. Bendito sea Dios. Salmo 68:35.*

El Todopoderoso escogió a Israel como porción suya para siempre, *y no dormirá ni se adormecerá el que guarda a Israel.* Pero del gran tronco del árbol que es Israel, el creador injerto a la Iglesia. Ahora podemos decir que los gentiles redimidos somos "El Israel espiritual"

EL HASHAMAYIM – El Dios de los cielos

📖 *Alabad al Dios de los cielos, Porque para siempre es su misericordia. Salmo 136:26.*

El Fuerte ha creado los cielos. Su trono está en las alturas en los cielos y El reina sobre las huestes celestiales. La escritura nombra tres cielos. Dios es tan grande en poder que puede habitar en los tres.

He aquí, los cielos y los cielos de los cielos no te pueden contener, dice la palabra.

Dios está sentado y tiene un estrado donde reposa sus pies, esta es la tierra. Es una analogía de su grandeza y omnipresencia.

📖 *Isaías 66:1 Jehová dijo así: El cielo es mi trono, y la tierra estrado de mis pies; ¿dónde está la casa que me habréis de edificar, y dónde el lugar de mi reposo?*
Isaías comenzó el resumen final de su profecía con un recordatorio impactante de que el Señor no está interesado en un templo de piedra, porque Él como Creador de todo lo que existe, determinó hacer del Universo su morada.

Esteban mismo pudo mencionar delante del Sanedrín para señalar su error en limitar a Dios a un templo de construcción humana, por el contrario, Él desea morar o habitar en una vida que esté dispuesta a rendirse a Él y a su presencia gloriosa, dispuesta siempre ha tomar en serio su Palabra de poder y autoridad. *He aquí los cielos y los cielos de los cielos no te pueden contener.* 1 Reyes 8:27. En este texto da referencia al cielo de Dios donde está su trono, donde está su Jerusalén celestial, su templo. Y allí dice que hay cielos, maravilloso! Dios del universo y de los cielos de los cielos!

EL SALI ~ Dios de mi roca

📖 *Salmo 42:9. Diré a Dios:* **Roca mía,** *¿por qué te has olvidado de mí? ¿Por qué andaré yo enlutado por la opresión del enemigo?*

El Todopoderoso es mi defensor, mi refugio, mi castillo, mi alto refugio y mi salvación. "Dios mi protector" de todo ataque del enemigo. A Cristo se le compara como roca eterna, que fue herida por nosotros. Como sombra de aquella roca que Moisés golpeó en el desierto y salió agua para saciar la sed del pueblo sediento en el desierto...*y todos bebieron la misma bebida espiritual; porque bebían de la roca espiritual que los seguía, y* **la roca era Cristo.** *1 Corintios. 10:4.* Los profetas también hablaron de Cristo la "Roca" fundamento, la piedra angular, cimiento estable.

📖 *Isaías 28:16. ...por tanto, Jehová el Señor dice así: He aquí que yo he puesto en Sión por fundamento una piedra, piedra probada, angular, preciosa, de cimiento estable.*

Por las manos del Fuerte de Jacob (Por el nombre del Pastor, la Roca de Israel), Génesis 49:24

📖 *El es la Roca, cuya obra es perfecta, Porque todos sus caminos son rectitud; Dios de verdad, y sin ninguna iniquidad en él; Es justo y recto. Deuteronomio 32:4.*

Desde el cabo de la tierra clamaré a ti, cuando mi corazón desmayare. Llévame a la roca que es más alta que yo, Porque tú has sido mi refugio, Y torre fuerte delante del enemigo. Yo habitaré en tu tabernáculo para siempre; Estaré seguro bajo la cubierta de tus alas. Selah Salmo 61:2-4

Roca de mi confianza, roca de mi salvación, roca de tu refugio y roca de Israel

Para vosotros, pues, los que creéis, él es precioso; pero para los que no creen, La piedra que los edificadores desecharon, Ha venido a ser la cabeza del ángulo. 1° Pedro 2:7.

Sobre el fundamento de la declaración de Pedro: "Tú eres el Cristo el hijo de Dios" ha sido fundada la Iglesia.

EL SIMCHAT GILI – Dios la alegría de mi exaltación

📖 *Entraré al altar de Dios, Al Dios de mi alegría y de mi gozo; Y te alabaré con arpa, oh Dios, Dios mío. Salmo 43:4.*

El gozo de YHVH es tu fortaleza. Dios es el que cambia tu lamento en gozo, es el único que fue ungido con óleo de alegría más que a sus compañeros.

EL RO'IY – El Dios que ve

📖 *Génesis 16:13. Entonces llamó el nombre de Jehová que con ella hablaba: Tú eres Dios que ve; porque dijo: ¿No he visto también aquí al que me ve? Por lo cual llamó al pozo: Pozo del Viviente-que-me-ve.*

Cuando Agar la sierva de Sara concibe de Abraham, huye de delante de su señora porque la afligía. En su huida le sale al encuentro el ángel de YHVH el cual la exhorta a volver y a ponerse sumisa bajo su ama Sara, y allí le da promesa sobre el hijo que está en su vientre. Dios es un Dios que todo lo ve, todo lo conoce y todo lo sabe. El ojo del Señor recorre la faz de la tierra, El es un Dios omnisapiente porque no solo puede ver la circunstancia sino analiza lo más profundo del corazón.

📖 *He aquí el ojo de Jehová sobre los que le temen, Sobre los que esperan en su misericordia, Para librar sus almas de la muerte, Y para darles vida en tiempo de hambre. Salmo 33:18-19.*

El nombre [*Ro'iy*] también es conocido como "el Dios de la visión"

EL HAKAVOD – El Dios de gloria

📖 *Salmo 29:3. Voz de Jehová sobre las aguas; Truena **el Dios de gloria**, Jehová sobre las muchas aguas. Voz de Jehová con potencia; Voz de Jehová con gloria.*

En este texto se expone con claridad los movimientos poderosos de Dios en sus manifestaciones, que tienen como propósito establecer su supremacía como el único y verdadero Dios, en comparación con cualquiera de los llamados dioses de las naciones paganas, en derredor de Israel. Dios mismo es hermoso y es la fuente de toda belleza y creatividad. Dios se reveló con todo su esplendor en el monte Sinaí delante del pueblo de Israel. Su gloria cubrió el monte y se manifestó en trueno, sonido de bocina, nube espesa, rayos y relámpagos. Su gloria fue manifestada de muchas maneras pero el fuego y la nube siempre estuvieron presentes.

📖 Salmo 94:9-11. *El que hizo el oído, ¿no oirá? El que formó el ojo, ¿no verá? El que castiga a las naciones, ¿no reprenderá? ¿No sabrá el que enseña al hombre la ciencia? Jehová conoce los pensamientos de los hombres, Que son vanidad.*

EL DE'OT - El Dios de todo poder.

Conocimiento de Jehová:

📖 *1 Samuel 2:3. No multipliquéis palabras de grandeza y altanería; Cesen las palabras arrogantes de vuestra boca; Porque el Dios de todo saber es Jehová, Y a él toca el pesar las acciones.*

El majestuoso y poderoso Dios humilla a todos los que se engrandecen contra El, mas levanta a todo aquel que está dispuesto a humillarse bajo su presencia y poder. El Todopoderoso es como fuente de todo conocimiento y saber. El conoce el pasado, presente y futuro su conocimiento es ilimitado. La palabra conocimiento es "acción y efecto de conocer". En Hebreo traducida al español es [*dea*] y se amplía su concepto en:

– Saber
– Ciencia
– Concepto

El todopoderoso es fuente de todo conocimiento y saber. Él conoce el pasado, presente y futuro su conocimiento es ilimitado. El Apóstol Pablo oraba fervientemente, para que los creyentes abundaran en el conocimiento de Dios. *...para que el Dios de nuestro Señor Jesucristo, el Padre de gloria, os dé espíritu de sabiduría y de revelación en el **conocimiento** de él, alumbrando los ojos de vuestro entendimiento... Efesios 1:17-18.*

Si el pueblo de Dios sigue la sabiduría humana, nunca recibirá la ciencia divina ni la verdadera palabra de revelación, por eso el pueblo puede descontrolarse o salirse del camino si le falta conocimiento. *Oíd palabra de Jehová, hijos de Israel, porque Jehová contiende con los moradores* *de la tierra; porque no hay verdad, ni misericordia, ni **conocimiento** de Dios en la tierra.* Oseas 4:1. Por desechar el verdadero conocimiento Dios le dice a su pueblo Israel que sería destruido. Hay periodos que la lámpara de Dios se apaga y falta sabiduría y entendimiento. Hoy debemos de clamar al Dios del conocimiento para que su unción caiga sobre su pueblo y ministros para permanecer firmes en su verdad.

LECCIÓN VI – NOMBRES

COMPUESTOS DE VOCABLO EL

EL OLAM – El Dios de la eternidad

📖 *Génesis 21:33. Y plantó Abraham un árbol tamarisco en Beerseba, e invocó allí el nombre de Jehová [YHVH] Dios [EL] eterno [OLAM].*

Este árbol de la cual menciona este texto se levantaba como recuerdo del pacto concertado. El Olam, es un nombre divino que para el pueblo de Israel significaba la naturaleza inquebrantable y perdurable del pacto que Dios hecho con Abram y su descendencia.

El término [*OLAM*] se usa en las Escrituras como:
- encubierto
- escondido
- un tiempo o periodo indefinido.

De modo que es la palabra que se usa para expresar la eterna duración del "Ser" o existencia de Dios. Como dice el salmo 90, *Desde el siglo y hasta el siglo, tú eres Dios.*

"Desde el siglo hasta el siglo" es el sinónimo en hebreo del término griego /aion/ es igual a edad o dispensación. Por lo tanto se puede ver las dos ideas:
a) El que se mantiene en secreto y
b) Duración indefinida

Estas se combinan en la palabra [*Olam*] *"El Dios Eterno"*, es por lo tanto;

aquel nombre divino en virtud del cual Dios es el Dios; cuya sabiduría ha dividido todo el tiempo y toda la eternidad en el misterio de las edades sucesivas o dispensaciones. *Señor, tú nos has sido refugio De generación en generación. Antes que naciesen los montes Y formases la tierra y el mundo. Salmo 90:1-2*

La naturaleza de Dios no tiene principio ni fin, está exenta de toda sucesión de tiempo y contiene en sí misma la causa del tiempo.

📖 *1° Crónicas 16:36. Bendito sea Jehová Dios de Israel, De eternidad a eternidad. Y dijo todo el pueblo, Amén, y alabó a Jehová.*

Bendito Jehová Dios de Israel, desde la eternidad y hasta la eternidad; Y diga todo el pueblo, Amen. Aleluya. Salmos 106:48

La palabra /*Olam*/ significa: Eternidad, que significa:
- no estar limitado al presente
- Tiempo muy lejano, o tiempo distante.
- para siempre
- antiguo
- perpetuo

El Todopoderoso es Eterno. Es bendito desde el pasado más remoto hasta el futuro más distante. Él ha hecho el tiempo, la eternidad y el universo. Él no tiene principio ni fin. **Él es el Eterno en sí mismo en su propia existencia.** También es el que está sobre todas las cosas eternas.

EL QANNA' ~ Dios celoso

📖 *Éxodo 20:5. Yo soy YHVH tu Dios Fuerte y celoso.*
Porque no te has de inclinar a ningún otro dios, pues Jehová, cuyo nombre es Celoso, [Qanna'] Dios celoso [El Qanna'] es. Éxodo 34:14

La palabra *[Qanna']* es usada solo para Dios. Dios es celoso de que se pretenda adoraro que se rinda pleitesía a otros dioses, persona, o imagen, que no sea Él. Uno de sus mandamientos, es el amar a Dios sobre todas las cosas, con toda la mente, corazón, espíritu y cuerpo. Este mandamiento fue dirigido especialmente a su pueblo escogido, aquellos cuyo Él había depositado sobre ellos para glorificarse, manifestarse y revelarse a plenitud. Israel era su amada. El no compartiría a su amada novia, con otros "novios" (dioses). Lo que el Señor escoge lo toma para su honra y lo santifica.

📖 Éxodo 34:14. *Porque no te has de inclinar a ningún otro dios, pues Jehová, cuyo nombre es Celoso, Dios celoso es.*

Su pueblo lo provoco a celo, cuando se inclinaron detrás de los ídolos. Adorando a dioses extraños.

El celo de Dios para su pueblo, no es para traer daño, sino para cubrir y guardar.

Como ejemplo: la gallina que cuida y protege a sus polluelos. Jesús, en Mateo 23:37 eta el pasaje en el cual llora frente a Jerusalén, por el dolor de sentir el rechazo de su pueblo. Dios mando a través de los tiempos sus profetas y sus siervos para que les predicara la Palabra y se arrepintieran de sus malos caminos y no quisieron. Aun El mismo fue enviado por el Padre, y también fue despreciado.

Dios ama incomprensiblemente muchas veces, pero a pesar del desprecio del hombre, Dios sigue amando, esta es la causa de su celo.

📖 *Deuteronomio 4:23-24. Guardaos, no os olvidéis del pacto de Jehová vuestro Dios, que él estableció con vosotros, y no os hagáis escultura o imagen de ninguna cosa que Jehová tu Dios te ha prohibido. Porque Jehová tu Dios es fuego consumidor, Dios celoso.*

Dios tuvo que castigar a Israel por su rebelión pero con todo y eso su amor nunca los dejó y sus promesas son siempre para bendición de su pueblo. El Señor les dice: *"Yo sanaré su rebelión, los amaré de pura gracia; porque mi ira se apartó de ellos"* Oseas 14:4.

Es la gracia de Dios, que se revela en el fracaso del pueblo, y más aún, *en el reconocimiento de ese fracaso*, la que producirá el cambio definitivo. La misericordia y el amor de Dios será como rocío, refrescante y vivificante. Entonces Israel *florecerá como lirio, su gloria será como la del olivo, y perfumará como el Líbano, será vivificado como trigo, florecerá como la vid, su olor será como el vino del Líbano.* Entonces Israel podrá abandonar al fin los ídolos que le provocaron a celo impidiéndole agradar a Dios.

No provoques a celo a Dios con tu desobediencia; no rechaces su amor, síguele obedécele y haz pacto de fidelidad con 'Él.

Todo esto nos hace refeccionar y considerar que hay un celo que cuida y otro es el controlador que ata, el cual puede llevar a la ira. **La palabra "celo" puede definirse como:** cuidado y esmero en el cumplimiento de los deberes o intereses activo o eficaz por una causa o persona. Dios celoso de naturaleza pero en el sentido de querer guardar, proteger, como lo hizo con los hijos de Israel.

Su celo está basado, en su amor para todos aquellos que Él ha separado para sí.

Muchas veces Dios mismo hablo así: *"El celo de YHVH de los Ejércitos hará esto"* (Isaías 37:32); significa: Una celosa preocupación por su pueblo y por el bienestar del mismo". La relación de Dios con su pueblo era como la relación de un enamorado con su novia.

EL Y-SHUA'AH ~ El Dios de mi Salvación

📖 *He aquí Dios es salvación mía; me aseguraré y no temeré; porque mi fortaleza y mi canción es JAH Jehová, quien ha sido salvación para mí. Sacaréis con gozo aguas de las fuentes de la salvación.* TEXTO
... He aquí Dios [El Y-shuàh] es salvación mía. Isaías 12:2-3

Dios mismo es la fuente para la vida eterna y la reconciliación con Dios el Padre. Si observamos el nombre [*Yeshuah*], es similar al nombre de Jesús, que significa "Salvador". Dios se manifestó a Israel como su salvador pero ahora se ha manifestado a través de su hijo amado para salvación a todos lo que le aman de verdad.

La palabra "salvación es el título dado a Jesús es decir: "Salvador", *porque Él perdonará el pecado del pueblo. (Lucas).*
También significa:
- libertador,
- victoria,
- bienestar,
- prosperidad.

Hoy su NOMBRE da la oportunidad a que todos participen de sus beneficios gratuitamente.

EL RACHUM - El Dios de compasión y misericordia

Su naturaleza es ser bondadoso, tierno y compasivo. El Todopoderoso está lleno de misericordia por Su pueblo. Él no tiene crueldad o mezquindad.

📖 *Éxodo 22:27. Y cuando él clamare a mí, yo le oiré, porque soy misericordioso.*

*...porque **Dios misericordioso es Jehová tu Dios**; no te dejará, ni te destruirá, ni se olvidará del pacto que les juró a tus padres. Deuteronomio 4:31.*

David ante el arca cantaba el cántico compuesto para alabar al Señor y decía: "*Porque él es bueno y su misericordia es eterna*".

Aclamad a Jehová, porque él es bueno; Porque su misericordia es eterna. 1 Crónicas 16:34.

Esta declaración la cantaron también en tiempos de Salomón *...cuando sonaban, pues, las trompetas, y cantaban todos a una, para alabar y dar gracias a Jehová, y a medida que alzaban la voz con trompetas y címbalos y otros instrumentos de música, y alababan a Jehová, diciendo: Porque él es bueno, porque su misericordia es para siempre; entonces la casa se llenó de una nube. 2 Crónicas 5:13*

En tiempos de Zorobabel dice la palabra de Dios:

📖 *Y Esdras.3:11. ...cantaban, alabando y dando gracias a Jehová, y diciendo: Porque él es bueno, porque para siempre es su misericordia sobre Israel. Y todo el pueblo aclamaba con gran júbilo, alabando a Jehová porque se echaban los cimientos de la casa de Jehová.*

El salmista Asaf, en un momento de aflicción, ruega a Dios, diciendo: *"No recuerdes contra nosotros las iniquidades de nuestros antepasados; vengan pronto tus misericordias a encontrarnos, porque estamos muy abatidos. Ayúdanos, oh Dios de nuestra salvación, por la gloria de tu nombre; y líbranos, y perdona nuestros pecados por amor de tu nombre"* Samo.79:8-9.

En otro lugar, el Espíritu Santo inspira a David para responder a Asaf: *"Misericordioso y clemente es Jehová; lento para la ira, y grande en misericordia... No ha hecho con nosotros conforme a nuestras iniquidades, ni nos ha pagado conforme a nuestros pecados. Porque como la altura de los cielos sobre la tierra, engrandeció su misericordia sobre los que le temen."* Salmo 103: 8,10-11.

Por la misericordia del Dios [*EL Rachum*] la petición de Asaf tuvo una feliz respuesta, su aflicción fue socorrida. Nosotros actuamos, nos movemos y juzgamos según la pequeñez de nuestro corazón; pero Dios actúa, se mueve, y juzga según su gran misericordia.

EL ELYON – El más alto – El Altísimo

📖 *Génesis 14:18-19. Entonces Melquisedec, rey de Salem y sacerdote*

del Dios Altísimo, sacó pan y vino; y le bendijo, diciendo: Bendito sea Abram del Dios Altísimo, creador de los cielos y de la tierra;
Altura, significa: poder y posición.

El Todopoderoso está supremamente exaltado. Dios siempre habitó en las alturas en su Santo monte.

Cuando Abram viene de derrotar al Rey que había hecho prisionero su sobrino y los cuatro reyes aliados, le sale al encuentro el rey de Salem, Melquisedec, allá bendice al patriarca, exalta a Dios. Es por primera vez que aparece la revelación del nombre de Dios como /ELYON/ "*el Altísimo*". Anteriormente, Satanás quiso usurpar esa altura; que denota poder y gobierno. *Subiré* ...fue su ensaño. Satanás quiso subir más alto pero fue arrojado más bajo. El creador siempre estará por encima de sus criaturas. En el mensaje del ángel Gabriel a María, Dios se le revela como "El Altísimo" [*El Elyon*] "El más alto". Revelado en el Antiguo Testamento. Esta profecía angelical recae sobre Jesús en el día de su concepción.

Este será grande, y será llamado Hijo del Altísimo; y el Señor Dios le dará el trono de David su padre.

Jesús es llamado "Hijo del Altísimo" por el anuncio del ángel.
Por esa razón Dios no comparte su gloria con nadie, porque sólo a Él le pertenece toda la gloria y todo el poder. Porque El Dios que permanece en sí mismo, es el único Altísimo, nadie más, ni ángel ni querubín, ni hombre está a su nivel de altura.

📖 Salmo 91:1. *El que habita al abrigo del Altísimo /El Elyon/ morara bajo la sombra del **Omnipotente** /El Shaday/.*

Así que cuando mencionamos a El ELYON, estamos diciendo: El único Dios verdadero; único en poder, comprometido en unidad, y el más alto en poder, estatura y morada.

[*El Eyon*] está esperando que subas a su presencia, que subas al monte y tengas un encuentro con Él. Ese nombre te identifica con lo que está arriba, con aquellos que suben a la cumbre del monte para buscarlo.

En cuanto más sea tu búsqueda y estés en el monte santo de Dios, más puertas de oportunidad se te abrirán.

EL CHAY - El Dios Viviente

📖 *Josué 3:10. ...añadió Josué: En esto conoceréis que el Dios viviente está en medio de vosotros,.*

El Dios viviente es el que da vida, y muchos textos que nombran al Dios [*El Chay*] están relacionados directamente con fuentes, agua, y ríos. Ya que parte de la vida humana es sustentada por el agua, ver un río correr da sensación de vida y frescura, así es tu Dios lleno de vitalidad y vida.

📖 *Deuteronomio 5:25-26. Ahora pues, ¿por qué vamos a morir? Porque este gran fuego nos consumirá; si oyéremos otra vez la voz de Jehová nuestro Dios, moriremos. Porque ¿qué es el hombre, para que oiga la voz del Dios viviente que habla de en medio del fuego, como nosotros la oímos, y aún viva?*

El pueblo de Israel que salió de Egipto, pudo ver las manifestaciones de Dios exuberantes, en muchas maneras. Eso les hizo tener temor reverente en su corazón. Dios mismo había dicho: *nadie vera a Dios y vivirá*. Ellos tenían noción de un Dios Fuerte y de su vivencia real, porque habían oído su voz con sonidos de truenos, bocinas y como estruendo de muchas aguas.

Dios es un Dios vivo, que habla y responde, solo se tiene que poner atención a lo que Él te habla y quiere mostrar. Dios está dispuesto siempre a contestar. ¡Él está vivo hoy!

EL GIBBOR ~ El Dios Fuerte ~ El Campeón ~ El poderoso

📖 ...Dios grande, poderoso, Jehová de los ejércitos es su nombre. Jeremías. 32:18.

Antiguamente las guerras se hacían cuerpo a cuerpo y en eso dependía mucho de la resistencia física del combatiente. [Gibbor] da la idea de: Impetuoso soldado, hombre valiente, hombre bravo, hombre de guerra en la batalla. El Dios eterno YHVH de los ejércitos es el poderoso Dios fuerte, el campeón de los campeones .Es campeón porque venció una vez y para siempre a su contrincante en la cruz del calvario

📖 Salmo 24:8. ¿Quién es este Rey de gloria? Jehová el fuerte y valiente, Jehová el poderoso en batalla.

Dios tiene un nombre, que da testimonio a su pueblo, de su poder y de su valentía. Para Israel [El Gibbor] y para ti Jesucristo es tu poderoso campeón. El mundo sigue a famosos, los llamados le siguen a Él, lo admiran y siguen su ejemplo. Que Cristo sea tu especial favorito, El que es realmente el campeón de los campeones.

EL ELOHE ISRAEL ~ El Dios de Israel

📖 Génesis 33:20. Y erigió allí un altar, y lo llamó El-Elohe-Israel. Jacob hijo de Isaac tiene que confrontar el cambio de su naturaleza pecaminosa. Dios le permite pasar por la prueba más dura de su vida; encontrarse con su hermano Esaú. Por engañarlo y robarle la bendición generacional, el odio y la amargura se levantó entre los dos hermanos gemelos, como un muro de separación que duro más de veinte largos años.

Antes de este día señalado, Dios mismo manda un ángel en el cual Jacob tiene que luchar entre su propia naturaleza inmadura y estafadora, que es el viejo hombre, con el nuevo, el cual tiene el propósito divino, el destino por la cual fue llamado. Allí en esa lucha consigo mismo, vence el Dios de propósitos divinos, lo nuevo lo santo lo perfecto, para derribar al viejo Jacob y levantar al nuevo Israel. Ahora ya está listo para confrontar lo más difícil de su vida pasada, (presentarse cara a cara contra su oponente) porque ha vencido la lucha dentro de sí mismo. Jacob vence, y su nombre y carácter es cambiado.

El encuentro ha sido glorioso y Dios le ha concedido la victoria, la reconciliación y la amistad vuelve a flote. Jacob abraza y se reconcilia, consigo mismo y con su pasado oscuro. La reconciliación le sigue como un segundo paso. Como conmemoración de esta victoria, decide levantar un altar que sea testigo de generación a generación, como un baluarte de esa victoria. No solo compra el terreno sino que levanta un altar colocándole por título *"El Elohe-Israel"* que significa; Dios, el Dios de Israel, el que contiende con Dios hasta la Victoria.

Este por parte de Jacob, fue una acción de fe. Al darle este nombre, no solo se estaba apropiando de su nuevo nombre que le daba madurez y responsabilidad sino que se estaba relacionando directamente con el Dios de sus padres que hasta ese entonces lo había conocido de nombre, pero ahora lo estaba experimentando personalmente. Cuando se refiere al Dios de Israel no se estaba refiriendo directamente a la nación (porque aún no se había formado) sino a él mismo como individuo. Dios es el Dios personal que comienza contigo para luego llegar a la obra que tú representaras. ¡Gloria Dios!

Es hora que conozcas a Dios por ti mismo por tu propia experiencia y no por la de los demás

LECCIÓN VII – SEÑOR CON EL

NOMBRE 1

Nombres compuestos con la palabra YHVH

Así ha dicho Jehová, que hizo la tierra, Jehová que la formó para afirmarla; Jehová es su nombre: Clama a mí, y yo te responderé. Jeremías 33:2-3

Analizaremos diez Nombres de Jehová

1.- YHVH YIREH - El Señor proveerá

📖 Génesis 22:8...*y Abraham respondió: Dios proveerá para sí el cordero para el holocausto.*

/Jhvh Yireh/ es una manifestación de Dios en nuestra vida con el propósito de que lo conozcamos como el dueño y proveedor de todas las cosas. Cuando nos referimos al nombre compuesto de [*Jhvh Yireh*] nos referimos a *Jehová* como: **el que existe en sí mismo, el dueño y Señor y gran libertador que proveerá tus necesidades.**

Dios probó la obediencia de Abraham cuando le pidió que entregara a su hijo Isaac para el sacrificio. Abraham obedeció a Dios a pesar de su temor humano y natural. Su fe le hizo creer incondicionalmente, sabía que Dios era poderoso. Tenía convicción que no regresaría solo, su Dios **El Todopoderoso sería capaz de devolvérselo si fuera necesario, resucitado de entre los muertos.**

📖 *Génesis 22:14. Y respondió Abraham: **Dios se proveerá** de cordero para el holocausto, hijo mío. E iban juntos. Y llamó Abraham el nombre de aquel lugar, **Jehová proveerá**. Por tanto se dice hoy: En el monte de Jehová será provisto.*

Muchas veces el Señor nos pide que le entreguemos lo que amamos para ver si somos obedientes, para que aprendamos a confiar en Él. El nombre /YHVH YIREH/ nos enseña a conocer al Señor Dios como **nuestro proveedor.**

📖 *...Y el que da semilla al que siembra, y pan al que come, **proveerá y multiplicará** vuestra sementera, y aumentará los frutos de vuestra justicia, para que estéis enriquecidos en todo para toda liberalidad, la cual produce por medio de nosotros acción de gracias a Dios .2 Corintios 9: 10-11*

Dios es proveedor de bendiciones y abundancia para toda la humanidad. Ha provisto de semilla en abundancia en cada fruto. Dios no es Dios de escasez. Es un Dios de vida y vida en abundancia.

El nombre maravilloso YIREH nos recuerda el amor de Dios por la raza humana, sus criaturas. Nos recuerda al cordero que nos compró con su sangre preciosa y su bondad hacia el pecador.

✋YIREH nos muestra que antes de la fundación del mundo Dios proveyó **la misericordia** para el hombre, Cristo la ofrenda agradable que habla mejor que la de Abel.

2.- *YHVH RAFAH – Jehová tu Sanador*

📖 *Éxodo 15:26... Si oyeres atentamente la voz de Jehová tu Dios, e hicieres lo recto delante de sus ojos, y dieres oído a sus mandamientos, y guardares todos sus estatutos, ninguna enfermedad de las que envié a los egipcios te enviaré a ti; porque **yo soy Jehová tu Sanador.***

RAFAH es la manifestación de Dios en nuestra vida para que seamos sanados tanto física como espiritualmente.

El nombre RAFAH es uno de los atributos divinos de compasión hacia el hombre. **Yo soy El Señor tu Sanador.**

Antes de morir en la cruz y antes de formarse su cuerpo en una llaga, dijo: Soy tu Sanador. Él es Sanador Divino antes del Gólgota. Es, fue y será. Este nombre maravilloso se manifiesta cuando sus hijos le creen y reciben un milagro, sanando sus dolencias.

Cuando el pueblo de Israel andaba por el desierto fue probado por Dios, dice la palabra que llegaron a un lugar llamado Mara, mas no pudieron beber el agua porque estaban amargas. Debido a eso, al calor y cansancio, el pueblo comenzó a murmurar en contra de Moisés. Entonces Moisés clamó al Señor arrojando un árbol en el agua tornándose al instante aguas dulces.

Siempre en algún momento de la vida, Dios nos prueba permitiendo que pasemos por desiertos espirituales, que son las pruebas por las que tenemos que pasar con el fin de perfeccionar nuestras almas. Esto nos muestra que en medio de la enfermedad y prueba amarga, Cristo es el único que puede cambiar la situación y sanar cambiando la amargura en dulzura de Dios.

📖 *He aquí yo les traeré sanidad y medicina y los curaré y les revelaré abundancia de paz y de verdad.* Jeremías 33:6

RAFAH es el Gran Médico Divino y la fuente de toda sanidad espiritual, física, emocional y mental. Si necesitas alguna de estas sanidades, Él es el primero a quien se debe recurrir.

3.- YHVH NISSI - El Señor es mi bandera (estandarte). ¡El Señor es mi victoria!

📖 Éxodo 17:1. *...un altar y a llamarlo por nombre el Señor es mi Estandarte.*

Cuando el pueblo de Israel salió de Egipto, le sale al encuentro sus enemigos, los Amalecitas. Moisés toma en su mano la vara y sube a la cumbre del monte y le da instrucciones a Josué de como pelear. Mientras Moisés mantenía su brazo en alto, Dios le concedía la victoria.

Dios es bandera o estandarte a todo aquel que en El confía. En medio de las batallas de la vida el Espíritu de Dios levanta bandera sobre los creyentes. Siempre está a favor de los que ponen en alto su nombre, como Moisés, que levantó sus brazos al cielo en símbolo de que solo de Dios, dependería la victoria. Si se confía totalmente, de la intervención genuina en las batallas diarias, siempre se saldrá vencedor.

Sabemos que*: la lucha no es contra carne ni sangre sino contra potestades de las tinieblas en las regiones celestes* Efesios 16:12. El Señor irá adelante abriendo el camino en medio de la batalla para salir victoriosos...*y pelearán contra ti, pero no te vencerán, porque yo estoy contigo, dice Jehová, para librarte. Jeremías 1:19*

📖 *Y temerán desde el occidente el nombre de Jehová, y desde el nacimiento del sol su gloria; porque vendrá el enemigo como río, mas el Espíritu de Jehová levantará bandera contra él. Isaías 59:19.*

"Me llevó a la casa del banquete, su bandera sobre mi es amor". texto

📖 *En el lugar donde oyereis el sonido de la trompeta, reuníos allí con nosotros;* **nuestro Dios peleará por nosotros.** *Nehemías 4:20*

Y cada golpe de la vara justiciera que asiente Jehová sobre él, será con panderos y con arpas; y en batalla tumultuosa **peleará contra ellos.**

Isaías 30:32

Moisés puso de su parte, subió al monte. Tenemos que orar y buscar de su presencia para recibir las victorias espirituales.

📖 Éxodo 17:15. *Y Moisés edificó un altar, y llamó* **su nombre Jehová-Nissi.**

Esta es una forma de entender el reposo en Dios (confianza absoluta) **en medio de la batalla espiritual.**

📖 *Éxodo 14:14. Jehová peleará por vosotros, y vosotros estaréis tranquilos.*

4.~ YHVH MIKKADESH ~ El Señor que Santifica

📖 *Santificaos, pues, y sed santos, porque yo Jehová soy vuestro Dios. Y guardad mis estatutos, y ponedlos por obra. Yo* **Jehová que os santifico.** *Levítico 20: 7-8.*

Y sabrán las naciones que **yo Jehová santifico** *a Israel, estando mi santuario en medio de ellos para siempre. Ezequiel 37:28.*

📖 *Y sabrán las naciones que* **yo soy Jehová,** *dice* **Jehová el Señor,** *cuando sea* **santificado en vosotros** *delante de sus ojos. Y yo os tomaré de las naciones, y os recogeré de todas las tierras, y os traeré a vuestro país. Ezequiel 36:23*

YHVH [*Mikkadesh*] "El que santifica". La promesa de Dios fue fuerte para Israel: los paganos, todas las naciones gentiles conocerían que " **el que existe en sí mismo, el YO SOY, el amo absoluto y dueño de la creación"** es el que santifica a su pueblo Israel.

La Iglesia es el Israel espiritual. Para la Iglesia también "Él es la santificación".

Se debe dejar que Dios obre profundamente en nosotros y pedirle *que santifique nuestro ser por completo alma, espíritu y cuerpo.*

Si nos separamos del mundo para honrar a Dios, Él se santificará en su Iglesia más y más. Él es santo, único, especial. La santidad viene al separarse del pecado y acercarse a YHVH [*Mikkadesh*]. Mientras más se acerca más santos se es.

Esta faceta de la manifestación de Dios en nosotros se hace efectiva cuando buscamos la santidad con el propósito de apartarnos para Dios. Por lo cual, se exhorta a alabar al Señor en la hermosura de la santidad, porque sin santidad nadie verá al Señor, El Dios [*Mikkadesh*].

📖 *2° Corintios 7:1. Por lo tanto, amados, teniendo estas promesas, limpiémonos de toda inmundicia de la carne y del espíritu,* **perfeccionando la santidad** *en el temor de Dios.*

📖 *Y Ezequiel 20:12. Y les di también mis días de reposo, para que fuesen por señal entre mí y ellos, para que supiesen que* **yo soy Jehová que los santifico.**

Dios sigue siendo para Israel el Dios todopoderoso que los santifica, aunque no se percibe ahora, a su tiempo será visto visiblemente glorificado en su pueblo.

📖 Hebreos 12:14. *Seguid la paz con todos, y la* **santidad, sin la cual nadie verá al Señor.**

En este texto se explica la actitud de acercarse a Dios con certidumbre de fe y una conciencia limpia, por otra parte la aceptación genuina de Cristo como el Salvador y sacrificio suficiente por el pecado, lo cual permite que el pecador tenga comunión con Dios. Los incrédulos no estarán motivados para acercarse y aceptar a Jesucristo si la vida de cada uno de los creyentes no demuestras las verdaderas cualidades que Dios desea, incluyendo la paz y la santidad.

5.- YHVH TSIDKENOU - El Señor nuestra Justicia

*En aquellos días Judá será salvo, y Jerusalén habitará segura, y se le llamará: **Jehová, justicia nuestra**. Porque así ha dicho Jehová: No faltará a David varón que se siente sobre el trono de la casa de Israel. Jeremías 33:16.*

El Señor YHVH manifestó la promesa de su justicia para Israel al mandar, de la estirpe de David, su sucesor. Jesús el Mesías fue la justicia de Dios enviada para manifestarla en los que creyeran él.

No por la justicia humana el hombre es salvo. El proveyó su perfecta justicia, su hijo amado Jesucristo. *He aquí que vienen días, dice Jehová, en que levantaré a David renuevo justo, y reinará como Rey, el cual será dichoso, y hará juicio y justicia en la tierra. En sus días será salvo Judá, e Israel habitará confiado; y este será su nombre con el cual le llamarán: **Jehová, justicia nuestra**. Jeremías 23:5-6.*

Tenemos que estar agradecidos porque no sólo Dios fue justicia para su pueblo Israel sino que proveyó justicia para los que en Él esperan y conocen su Nombre.

📖 *...y ser hallado en él, no teniendo **mi propia justicia**, que es por la ley, sino la que es por la fe de Cristo, **la justicia que es de Dios** por la fe; Filipenses 3:9*

Dios es perfectamente justo y recto en todo lo que dice y hace. Cuando entramos en una relación personal de fe con el enviado Jesucristo, esto nos hace rectos. La salvación eterna no proviene de guardar mandamientos solamente o hacer buenas obras, sino de tener una relación correcta con [*Adonai Tsidkenou*], es de ser declarados justos por él (por su sangre somos justificados).

📖 *...que habéis alcanzado, **por la justicia de nuestro Dios y Salvador Jesucristo**, una fe igualmente preciosa que la nuestra: 2° Pedro 1:1*

*Por tanto, Jehová esperará para tener piedad de vosotros, y por tanto, será exaltado teniendo de vosotros misericordia; porque **Jehová es Dios justo**; bienaventurados todos los que confían en él. Isaías 30:18.*

📖 *2° Corintios 5:21. Al que no conoció pecado, por nosotros lo hizo pecado, para que nosotros fuésemos hechos **justicia de Dios en él**.*

Este es un texto en donde se revela como pueden ser reconciliados los pecadores con Dios a través de Jesucristo, aquí se menciona claramente dos palabra importantes **la imputación y la sustitución.** *"El que no conoció pecado"*, por amor a nosotros se hizo pecado. Dios mismo aplicó sobre su propio hijo el principio divino de imputación, esto significa que se hizo pecado y el Padre quito su mirada de Él, aunque no lo era.

Dios permitió que Jesús muriera como sustituto para pagar el precio por los pecados de todos los que creyeran en Él.

En la cruz él no se convirtió en un pecador, como algunos pueden llegar a pensar, el siguió siendo santo como siempre, mas fue tratado como si fuera culpable de todos los pecados cometidos por todos los que habrían de creer en él, aunque era sin pecado. El requisito justo de la ley de Dios fue cumplido a total perfección para beneficio de todos aquellos que hubieran merecido morir por sus propios pecados.

Por lo tanto la justicia que se acredita a la cuenta del creyente es la justicia de Jesucristo, el Hijo de Dios.

Así como Cristo no fue un pecador pero fue tratado como el peor de los pecadores, los creyentes que todavía no han sido justos por completo, son tratados como si fueran justos, porque Jesucristo mismo llevo sobre si los pecados de todos aquellos que a partir de ese instante creyesen en El, estos mismos serian vestidos con su justicia, **produciéndose así el gran milagro de la justificación por la fe.**

LECCIÓN VIII – SEÑOR CON EL NOMBRE II

6.- YHVH ROHI - Jehová es mi Pastor

El Señor es mi pastor nada me faltará. Salmo 23.

Ser pastoreado por el Señor es algo maravilloso. Es más que estar provistos de alimentos y vestimenta. El pastor **cuida, guía,** así como provee de las necesidades tanto físicas como espirituales. La oveja por naturaleza es torpe y es fácil de desorientarse, es más, sola no se orienta. La inteligencia del Pastor es y será superior a sus ovejas, por eso necesita siempre, la oveja, la buena guianza del buen pastor. Él es el que guía y las lleva por el buen camino.

Hay bienaventuranza en reconocer y ser dócil, en buscar esa guía en cada situación de la vida.

Jesucristo se declaró el buen pastor que entra por la puerta del redil de las ovejas.

📖 *Juan 10: 14-15. Yo soy el buen pastor; y conozco mis ovejas, y las mías me conocen, así como el Padre me conoce, y yo conozco al Padre; y pongo mi vida por las ovejas..*

Ellas escuchan su voz y le siguen, no escuchan la voz del extraño. Esta cualidad es hermosa y eso nos enseña que el Espíritu Santo de Dios es fiel en hacernos sensibles a la voz de Dios dentro de nosotros.

📖 *Juan 10:11. Yo soy el buen pastor; el buen pastor su vida da por las ovejas.*

... así como el Padre me conoce, y yo conozco al Padre; y pongo mi vida por las ovejas. Juan 10:15

El buen pastor cuida y provee el sustento para sus ovejas, y Él es el gran pastor porque ha dado su vida por sus ovejas.

📖 *...a nuestro Señor Jesucristo, **el gran pastor de las ovejas,** por la sangre del pacto eterno, Hebreos 13: 20.*

El Apóstol Pedro en su epístola proclama a Jesucristo como el Príncipe de los pastores. *Y cuando aparezca el Príncipe de los pastores, vosotros recibiréis la corona incorruptible de gloria. 1° Pedro 5:4.*

📖 *Isaías 40:11. Como pastor apacentará su rebaño; en su brazo llevará los corderos, y en su seno los llevará; pastoreará suavemente a las recién paridas.*

7.- *JEHOVA SHAMMAH – El Señor está presente.*

📖 *El nombre de la ciudad desde aquel día será Jehová-sama. Ezequiel 48:35.*

Dios prometió estar en medio de la gran ciudad del Rey David.

Del río sus corrientes alegran la ciudad de Dios, El santuario de las moradas del Altísimo. Dios está en medio de ella; no será conmovida. Dios la ayudará al clarear la mañana. Salmo 46: 4-5.

Regocíjate y canta, oh moradora de Sión; porque grande es en medio de ti el Santo de Israel. Isaías 12:6.

Dios ha prometido estar presente en medio de los que se reúnen en su

nombre.

📖 *Porque donde están dos o tres congregados en mi nombre, allí estoy yo en medio de ellos. Mateo 18:20.*

8.- YHVH SHALOM – El Señor de Paz

📖 Jueces 6:24. *Y edificó allí Gedeón altar a Jehová, y lo llamó **Jehová-Shalom**; el cual permanece hasta hoy.*

La palabra "paz" se encuentra por más de 350 veces en la Biblia. /Shalom/ significa totalidad, paz. Pero no es una simple paz que brota del corazón su palabra es **un estado de forma de vivir.** /Shalom/ es salud y provisión emocional y espiritual. La circunstancias del mundo gira alrededor de la desesperación, pánico y depresión. Simplemente es porque no conocen al autor y dador de la paz interior. Paz no solo necesitan las naciones sino cada individuo necesita al príncipe y dador de la paz.

Cuando Gedeón fie visitado por el ángel de Dios le dio esperanza y fe. Su estado de ánimo estaba decaído y tenía una baja estima de sí mismo. Dios no solo le exhorta a luchar para vencer a sus enemigos sino a formar un ejército de vencedores. En ese ejemplo Gedeón reconocerá que Dios es el que llama y Dios es el que da la victoria, porque Dios es el vencedor. Así es en estos tiempo Él nos da fuerza para vencer a nuestros enemigos, y nos da la certeza que es El que vencerá con pocos la gran batalla. En medo de la circunstancia difícil; Él es el SEÑOR DE LA PAZ.

El Señor es completo en y por Sí mismo. "El Señor de la paz" no necesita añadiduras a Su totalidad.

Esta es una gran promesa, por cada día del año Él te promete que será tú paz en medio de cualquier adversidad o situación. Jehová es conocido como **Dios de paz**, así como **Dios es amor**, son cualidades esenciales en su ser. Romanos 16:20. *...el "Dios de paz" aplastará en breve a Satanás bajo vuestros pies.*

Jerusalén es ciudad de paz

Cuando Melquisedec se encontró con Abram, su título era "*Rey de Salem*", que representa: Ciudad de Paz, Rey de Paz.

El Salmo 125:5 dice: *Paz sea sobre Israel.* Desde el principio Jerusalén fue constituida para el "REY" y fue escogida para ser: "La ciudad del gran rey". *Cantares 8:10. Dice: Yo soy muro, y mis pechos como torres, Desde que fui en sus ojos como la que halla paz.*

No en vano la escogió, para alabanza de su Nombre lo hizo, y su nombre es Nombre de Paz.

Dios es paz para Israel y para su Iglesia y ha dado promesas de los que aman su palabra vivan bajo su paz, tales como: *El Dios de Paz os santifique por completo.*
Los que aman al rey aman su ciudad, Jesús dijo: "mi paz os dejo mi paz os doy", *Juan 14:27.* También hay promesa de paz, para todos aquellos que aman y guardan sus mandamientos. El Salmo 119:165 dice: *Mucha **paz** tienen los que aman tu ley, Y no hay para ellos tropiezo.* En medio de un mundo convulsionado en donde muchos se suicidan por no tener salida ni respuesta a sus problemas. Él ha prometido bendecir a su pueblo con la cobertura de Paz. *Jehová bendecirá a su pueblo con paz. Salmo 29:11.*

Su reino se caracteriza por tres cosas:
- Justicia
- Paz
- Gozo en el Espíritu

Tenemos el derecho legal de apropiarnos de estas tres virtudes que nos pertenecen.

Al pueblo de Israel se le prometió un niño que sería "Príncipe de paz"

Esta herencia de paz fue primeramente dada a Israel y a su santa ciudad de Jerusalén, y nosotros la recibimos como parte del pueblo escogido de Dios. *Paz sea sobre Israel. Salmo 128:6.*

Pronto Jesús vendrá a establecer un Reino de paz sobre la tierra.

En medio del gran conflicto en Medio Oriente, Dios, no se ha olvidado de sus promesas dadas en el pasado. *Porque así dice Jehová: He aquí que yo extiendo sobre ella **paz como un río**, y la gloria de las naciones como torrente que se desborda; y mamaréis, y en los brazos seréis traídos, y sobre las rodillas seréis mimados. Como aquel a quien consuela su madre, así os consolaré yo a vosotros, y en Jerusalén tomaréis consuelo. Isaías 66: 12-14.*

Nuestro deber es orar por la paz de Jerusalén.

El Salmo 122, hace un llamado para todos los amantes del Señor para orar por la paz de Jerusalén; con promesa. Si lo hacemos, seremos prosperados. *"Pedid por la paz de Jerusalén; Sean prosperados los que te aman. Sea la paz dentro de tus muros, Y el descanso dentro de tus palacios.*

El saludo del pueblo de Israel es *¡Shalom ALEJEM!*
que traducido es "la paz sea sobre ti, en ti y para ti".

Por amor de mis hermanos y mis compañeros Diré yo: La paz sea contigo". Salmo 122:8

9.- *YHVH ELOHIM – Señor Dios*

📖 *Estos son los orígenes de los cielos y de la tierra cuando fueron creados, el día que **Jehová Dios** hizo la tierra y los cielos, Génesis 2:4.*

Esta es una poderosa revelación de Dios como el Fuerte, quien es la totalidad del Ser, realidad y existencia. Él es el Todopoderoso que tiene todo el poder y recursos para satisfacer todas necesidades del hombre.

📖 *Habacuc 1:12.* ¿No eres tú desde el principio, oh Jehová, Dios mío, Santo mío? No moriremos. Oh Jehová, para juicio lo pusiste; y tú, oh Roca, lo fundaste para castigar.

El profeta usa tres nombres gloriosos en forma de reverencia en su clamor, la composición Jehová Dios Santo es un título de honor. El poder del reconocimiento de la deidad santa y gloriosa, en nuestras oraciones así como de su grandeza y poder de su nombre **es bien importante.**

Esta exclamación activa nuestra mente y eleva nuestra fe hacia su poderosa persona. /YHVH/ /ELOHIM/ nos eleva a reconocer que el Señor es nuestro Dios.

📖 *¡Oh **Jehová, Señor** nuestro, Cuán **grande es tu nombre** en toda la tierra!* Salmo 8:9.

10.- *YHVH TSABA' ~ El Señor de los ejércitos*

📖 *Salmo 24:10.* ¿Quién es este Rey de gloria? **Jehová de los ejércitos,** El es el Rey de la gloria.

EL SEÑOR DE LOS EJERCITOS es el ser más poderoso y el más grande NOMBRE de guerra. Jehová de los ejércitos significa **el Dueño y poderoso Dios de la guerra espiritual,** el más poderoso guerrero en el universo.

YHVH es el General del ejército en el cielo y en la tierra. Él es el Supremo Comandante en jefe.

📖 *1° Samuel 17:45. Entonces dijo David al filisteo: Tú vienes a mí con espada y lanza y jabalina; mas yo vengo a ti en **el nombre de Jehová de los ejércitos, el Dios de los escuadrones de Israel,** a quien tú has provocado.*

En toda batalla física se mueve una batalla espiritual; David confrontó al gigante Goliat que era el hombre fuerte de los Filisteos, primeramente en el mundo espiritual, con el más poderoso Nombre de guerra. Goliat era un gigante eso nos revela que era un engendro de ángel caído con carne. Llamados /Nefilim/ en hebreo: "los caídos". David estaba confrontando a un ser híbrido, con poderes interiores satánicos y perversos, éstos eran llamados los /Giborines/ los poderosos de la tierra. Sin embargo David no mira la batalla desde el lado del gigante sino él mira la batalla desde la perspectiva correcta desde su lado con el más poderoso /YHVH-tsaba'/

¿Quién podría resistirse al General del más poderoso ejército celestial? David sabía el poder del Nombre de YHVH. Goliat vino con tres armas físicas, David vino con el más poderoso ejército angelical, que se mueve en todo el Universo, el nombre poderoso de **YHVH DE LOS EJERCITOS DE LOS ESCUADRONES** (ORDAS) **DE ISRAEL.**

"El Señor YHVH dueño de la casa del ejército organizado, dueño del ejercito angelical, dueño del ejercito del sol, la luna y las estrellas, dueño de la guerra y batalla, el Elohim, el verdadero Dios del ejército y filas de Israel"

Tsaba' significa simplemente "huestes" pero se refiere especialmente a batallas o servicio. Estas dos ideas van juntas en el uso corriente del título YHVH (Señor, servicio) DE /tsaba'/ (ejércitos, batalla). Por lo tanto: **es el nombre de YHVH en su manifestación de poder.**

Por esa revelación gloriosa que tuvo David mientras era un simple pastor de oveja, *1° Crónicas 11:9 nos dice: ...Y David iba adelantando y creciendo, y **Jehová de los ejércitos** estaba con él.*

Cuando tienes revelación del Nombre más poderoso sobre el mundo espiritual tu perspectiva de ver las cosas en el mundo espiritual **cambia, para contemplar su grandeza.**

La guerra espiritual no la haces desde el objetivo del enemigo, sino desde el punto de vista, del lado divino, del nombre /tsaba'/, que es del lado la del vencedor. Al cambiar la forma de ver las cosas eres como David, antes de pelear ya te conviertes en vencedor.

11.- YHVH GA'AL – El Señor tu Redentor

📖 *Isaías 44:24. Así dice Jehová, tu Redentor, que te formó desde el vientre:* **Yo Jehová, que lo hago** *todo, que extiendo solo los cielos, que extiendo la tierra por mí mismo;*

Pero tú eres nuestro padre, si bien Abraham nos ignora, e Israel no nos conoce; tú, oh Jehová, eres nuestro padre; nuestro Redentor perpetuo es tu nombre. Isaías 63:16

El vocablo # 1350 [Ga'al] viene de la raíz original hebreo, la cual significa: rescatar mediante el pago de un precio. Para canjear, actuar como pariente redentor.

Es algo más que el simple hecho de una liberación., o sacar por precio a alguien que está preso.

El prisionero de guerra puede ser liberado mediante el pago de un precio que se llama rescate.

Esto se compara, de la forma que el Señor compro a su pueblo de la servidumbre y esclavitud bajo el poder del Faraón en Egipto. Esto se logró, mediante la sangre del cordero sacrificado en el día de la pascua. De la misma manera la sangre de Cristo es el precio de la redención. Él nos redime del más fuerte. Porque nuestro YHVH Señor está por encima del *"más fuerte".*

Escucha mi clamor, porque estoy muy afligido. Líbrame de los que me persiguen, porque son más fuertes que yo. Saca mi alma de la cárcel, para que alabe tu nombre; Me rodearán los justos, Porque tú me serás propicio. Salmo 142:6-7

Él te redimió al tomar tu lugar y al cargar con la maldición.

Redentor en el A.T. también se refiere al "pariente cercano" que tiene la oportunidad y la responsabilidad de comprar lo que un familiar dejo. Tal como mujeres viudas sin hijos, tenían que ser "redimidas" por un pariente del difunto para tomar el lugar del fallecido y darle a la viuda hijos para que su descendencia perdurara.

Así ha dicho Jehová, Redentor tuyo, el Santo de Israel: Yo soy Jehová Dios tuyo, que te enseña provechosamente, que te encamina por el camino que debes seguir. Isaías 48:17.

Porque tu marido es **tu Hacedor** */asah/*; Jehová de los ejércitos */tsaba'/* es su nombre */shem/*; y tu Redentor */ga'ál/*, el Santo */qadosh/* de Israel; Dios */Elohim/* de toda la tierra */'erets/* será llamado. Isaías 54:5

El redentor [*Ga'al*] también está estrechamente unido a el "Fuerte" - Robusto – poderoso- firme – agudo - unido a su poderoso NOMBRE */tsaba'/*

El redentor [*Ga'al*] *de ellos es el* **Fuerte** */chazaq/ ; Jehová [YHVH] de los ejércitos /tsaba'/ es su nombre /shem/; de cierto abogará la causa de ellos para hacer reposar la tierra ['erets], y turbar a los moradores de Babilonia [babel].* Jeremías 50:34

El Dios **Fuerte** */chazaq/* tiene como característica, su mano, dice que así saco a Israel de la servidumbre de Egipto.

/chazaq/ viene del # 2389 en hebreo es **Fuerte**
Semejante al pedernal, (Ez 3:8-9)

Deuteronomio 26:8 ...*y Jehová nos sacó de Egipto con mano fuerte, con brazo extendido, con grande espanto, y con señales y con Milagros.*

"Fuerte" es la cualidad de su brazo y mano que sostiene SU ESPADA para castigar duramente.

Isa 27:1 *En aquel día Jehová castigará con su espada dura, grande y fuerte [chazaq] al leviatán serpiente veloz,*

Salmo 136:12. *Actuó con mano fuerte [chazaq] y brazo poderoso. Su fiel amor perdura para siempre.* B-NTV.

Fuerte [chazaq] es una cualidad de Dios muy unido al nombre [Ga'al]. También es conocido como /**El Gibbor**/ que significa: Dios fuerte, el campeón. Esta descripción de Dios la encontramos en *Isaías 9:6*, cuando dice *...y llamará su nombre **Dios fuerte**.*

La palabra [gibbor] es el atributo de Dios como el poderoso fuerte, campeón.

12. YHVH 'ASAH – El Señor que te hace – te forma.

📖 *Isaías 44:24. Así dice Jehová, tu Redentor, que te formó desde el vientre: **Yo Jehová, que lo hago** todo, que extiendo solo los cielos, que extiendo la tierra por mí mismo;*

El Señor que hace todas las cosas, se refiere al Dios creador que no necesito de nadie para crear la tierra y los cielos. El creador está relacionado con el que redime, hace crea y forma a Israel.

📖 *Isaías 44:6. Así dice Jehová Rey de Israel, y su Redentor, Jehová de los ejércitos: Yo soy el primero, y yo soy el postrero, y fuera de mí no hay Dios.*

El [asah] no solo crea, y forma sino que redime, el que te formo del polvo, pronuncia que antes de Él no había nadie.

13.- YHVH PALAT - El Señor Libertador

La palabra [*palat*] significa "para escaparse", "traer a seguridad". **Él Señor es el que libera y el prisionero se escapa del más fuerte**

📖 *2 Samuel 22:2. Dijo: Jehová es mi roca y mi fortaleza, y mi libertador; y luego todo Israel será salvo, como está escrito: Vendrá de Sion el Libertador, Que apartará de Jacob la impiedad. Romanos 11:26*

Tanto Jehová como Jesucristo ha sido el Dios libertador, manifestado en el tiempo pasado a Israel, libertándolos del poder de esclavitud de faraón Rey de Egipto. Jesucristo vino para libertar a los cautivos, Él es libertador por excelencia.

De la raíz hebrea [*palat*] viene la idea de salvación, que es traer a seguridad, no solo Jesucristo nos saca de la esclavitud del Reino de las tinieblas sino que nos trae a seguridad, que es su Reino de luz.

📖 *Romanos 11:26. ...y luego todo Israel será salvo, como está escrito: Vendrá de Sion el Libertador, Que apartará de Jacob la impiedad.*

14.- YHVH SHANA - El Señor que no cambia. El mismo Ayer, Hoy y por los Siglos

📖 Malaquias 3:6 *Porque yo Jehová no cambio; por esto, hijos de Jacob, no habéis sido consumidos.* El permanecer fiel y en la verdad es parte del nunca cambiar. La palabra cambio # 8138 /*shaná*/ viene d ela raíz primaria doblar, duplicar. Jesucristo es único, no se compara con nadie. También significa, **no cambia,** no se disfraza, **no muda,** no se pervierte. ¡Aleluya! Su personalidad es estable, fidedigna, es parte de su existencia, permanecer firme en carácter. Es una virtud de Dios la cual todos debemos de estar agradecidos sino ya hubiéramos perecido.

15.- *YHVH ÉCHAD ~ El Señor es uno*

📖 *Oye, Israel: Jehová [YHVH] nuestro Dios [Elohim], **Jehová [YHVH] uno es** [echad]. Deuteronomio 6:4*

la palabra /*échad*/ viene de la raíz primitiva # 258 [akjád] que significa: unificar, ordenar (los pensa-mientos. Viene del #259 /échad/ que significa: unido, uno, primero, solo, undécimo, único.

Tanto Israel como todo el que quiera conocer a Dios debe saber que Él es único, Él es el primero, y Sólo es Él el único Dios verdadero fuera de Él no hay nadie.

"Uno es" es la aseveración que le antecede al primer mandamiento dado por Moisés a Israel, unido por la conjunción 'y".

***YHVH** [Señor] **nuestro Dios** [Elohim] **YHVH uno es.** Es el misterio de la Divinidad como suprema trinidad se testifica en esta expresión, un pensamiento, una fe, una mente, un corazón y uno en todo.

¿No tenemos todos un mismo padre? ¿No nos ha creado un mismo Dios? ¿Por qué, pues, nos portamos deslealmente el uno contra el otro, profanando el pacto de nuestros padres? Malaquías 2:10
Jehová es *[echad]*.

LECCIÓN IX – NOMBRES

COMPUESTOS DE ADONAI, ELOHIM

Los Nombres compuestos de Adon - Adonai

Adonai se usa juntamente con otros nombres de Dios, eso se ve en la frase enfática que El señor es Señor de todos los llamados (Adon) señores.

*Y he aquí vino un leproso y se postró ante él, diciendo: **Señor** [kurios], si quieres, puedes limpiarme. Mateo 8:2*

Kurios = Señor en griego, la definición de la palabra *kurios se puede entender como:*
- amo,
- Señor, el cual le pertenece algo.
- El poseedor
- el dueño
- el que tiene derecho sobre alguien
- soberano
- príncipe
- jefe
- titulo dado al emperador romano
- es un título del honor expresivo de respeto y de la reverencia, con los cuales los criados saludaban a su amo.

Es Mateo 8:2 la palabra Señor, (en griego [kurios]), aparece por primera vez esta palabra en relación a Jesús con su evidente aprobación. La palabra [kurios] en sí misma es el equivalente griego del hebreo [Adonai]

También se usa en el N.T. para traducir la palabra en hebreo [*YHVV*] Jehová, estos dos títulos (Adonai y YHVH) que en el A.T. utiliza para la Deidad, se traducen con la palabra en griego [*kurios*].

Resulta evidente que el objetivo es identificar a Jesucristo con la Deidad del A.T. Cristo mismo afirmo su deidad; Él se aplicó a sí mismo el "Yo soy" característico de Jehová, (Juan 8:57-58) los judíos correctamente interpretaron, las palabra de Jesús, que Él estaba declarando su plena deidad. (Juan 10:33). El Afirmo ser [*Adonai*] del Antiguo Testamento. Afirmo su omnipresencia, (Mateo 18:20) su omnisciencia (Lucas 7:14) su omnipotencia, (Mateo 28:18) su dominio sobre la naturaleza y poder creador, y acepto la adoración humana (atributo dado solo a Elohim). La resurrección misma de Cristo confirmó su Deidad.
ADON OLAM – Señor de la Eternidad

Eternidad, denota longanimidad, perpetuidad, larga duración, para siempre. Él es el Señor del /*kairos*/. Es la expresión de Dios encontrada en los antiguos himnos más frecuentemente citados en el Salmo 117.

📖 ...*La fidelidad de YHVH es "para siempre" Salmo 117:2*

ADONAY HAADONIM – Señor de Señores

📖 *Deuteronomio 10:17. Porque Jehová vuestro Dios es Dios de dioses, y **Señor de señores**, Dios grande, poderoso y temible, que no hace acepción de personas, ni toma cohecho.*

Muchas veces se usa combinada con Jehová y con Elohim. **Señor Dios, Señor Jehová.** En muchas traducciones de la Biblia se usa la palabra Señor traducido de la palabra Jehová.

📖 ***Señor Jehová,*** *tú has comenzado a mostrar a tu siervo tu grandeza, y tu mano poderosa; porque ¿qué dios hay en el cielo ni en la tierra que haga obras y proezas como las tuyas? Deuteronomio 3:24.*

*Y él respondió: **Señor Jehová**, ¿en qué conoceré que la he de heredar? Génesis 15:8.*

Pablo el apóstol en su carta a Timoteo llama a Jesucristo: el bienaventurado y solo Soberano Rey de reyes y Señor de señores.

Este título "so*lo Soberano*" nos muestra la alta posición en que está Jesús en el mundo espiritual. El hombre natural cree que es dueño y Señor del mundo y de lo que le rodea, pero hay un solo Soberano Señor [*Adona*i *YHVH*], el cual un día todos se arrodillaran reconociendo su majestad, delante de Él. Se postraran los que están en el cielo, lugar donde se mueve la potestad del aire, en la tierra; todo ser humano y debajo de la tierra; los que están en el tormento del infierno con todos los demonios.

📖 *Filipenses 2:9-11. Por lo cual Dios también le exaltó hasta lo sumo, y le dio un nombre que es sobre todo nombre, para que en el nombre de Jesús se doble toda rodilla de los que están en los cielos, y en la tierra, y debajo de la tierra; y toda lengua confiese que Jesucristo es el Señor, para gloria de Dios Padre.*

Aunque haya guerra antes del "fin del Siglo"; el Señor de señores vencerá, para instalar su reino en la tierra.

📖 *Apocalipsis 17:14 Pelearán contra el Cordero, y el Cordero los vencerá, porque él es Señor de señores y Rey de reyes; y los que están con él son llamados y elegidos y fieles.*

De su boca sale una espada aguda, para herir con ella a las naciones, y él las regirá con vara de hierro; y él pisa el lagar del vino del furor y de la ira del Dios Todopoderoso. Y en su vestidura y en su muslo tiene escrito este nombre: REY DE REYES Y SEÑOR DE SEÑORES. Apocalipsis 19:15-16.

Que *[Adonai Haadonim]* sea realmente tu Dios, en todos los aspectos de tu vida.

ADONAY MELEK ~ Señor ~ Rey

📖 *Salmo 10:16. Jehová es Rey eternamente y para siempre.*
Esta fue la salutación usada por David en los Salmos para exaltar al Dios de Israel como Rey, en su totalidad, rey de su reino, rey con autoridad, rey con dominio, Rey con poder y Rey que reina sobre lo creado.

📖 *Salmo 5:2-3. Está atento a la voz de mi clamor, Rey mío y Dios mío, Porque a ti oraré. Oh Jehová, de mañana oirás mi voz; De mañana me presentaré delante de ti, y esperaré.*

¿Quién es este Rey de gloria? Jehová el fuerte y valiente, Jehová el poderoso en batalla. Alzad, oh puertas, vuestras cabezas, Y alzaos vosotras, puertas eternas, Y entrará el Rey de gloria. ¿Quién es este Rey de gloria? Jehová de los ejércitos, El es el Rey de la gloria. Selah. Salmo 24:8-10.

ELOI ~ Dios mío.

Estas fueron una de las últimas palabras que Jesús
expresó en la cruz, antes de entregar su espíritu al Padre. Al sentirse abandonado, clama! *Dios mío, Dios mío, ¿porque me has desamparado?* Marcos 15:34, (Salmo 22:1).

[*Eloi*] es muy personal e íntimo, la palabra mío, denota intimidad, propiedad, unión. Jesús tenía una estrecha amistad con su Padre. Son los lazos de amor; que cada creyente debe de tener también con su Dios.

Los Nombres compuestos de Elohim
ELOHIM ~ El que se juró fidelidad a sí mismo. Fuerza. Poder.

Como se había escrito en el capítulo 1, [*Elohim*] es el nombre más comúnmente traducido como "Dios". [*Elohim*] proviene de una raíz que significa "fuerza, capacidad, poder".
ELOHIM ELOHIM - Dios de dioses

📖 *Deuteronomio 10:17. Porque Jehová vuestro Dios es Dios de dioses, y Señor de señores, Dios grande, poderoso y temible, que no hace acepción de personas, ni toma cohecho.*

Hay muchos llamados "dioses", pero Él es el verdadero creador, de los seres creados, el más poderoso que todos ellos El es el fuerte, el que está por encima.

📖 *Salmo 50:1-3. El Dios de dioses, Jehová, ha hablado, y convocado la tierra, Desde el nacimiento del sol hasta donde se pone. De Sión, perfección de hermosura, Dios ha resplandecido. Vendrá nuestro Dios, y no callará; Fuego consumirá delante de él, Y tempestad poderosa le rodeará.*

Porque Jehová es Dios grande, Y Rey grande sobre todos los dioses. Salmo 95:3

📖 *Alabad al Dios de los dioses, Porque para siempre es su misericordia. Alabad al Señor de los señores, Porque para siempre es su misericordia. Salmo 136:2-3*

ELOHIM TSADDIQ ~ Dios Justo

📖 *Salmo 7:9. Fenezca ahora la maldad de los inicuos, mas establece tú al justo; Porque el Dios justo prueba la mente y el corazón.*

¿Quien hizo oír esto desde el principio, y lo tiene dicho desde entonces,

sino yo Jehová? Y no hay más Dios que yo; Dios justo y Salvador; ningún otro fuera de mí. Isaías 45:21.

Dios es un Dios de justicia, esto muestra su justicia como ser integro, Esta justicia se manifiesta en carácter "justo" "verdadero" "fiel". No hay nada más hermoso que poder confiar en el verdadero Dios justo y verdadero.

*Jehová está en su santo templo; Jehová tiene en el cielo su trono; Sus ojos ven, sus párpados examinan a los hijos de los hombres. **Jehová prueba al justo;** ...Porque **Jehová es justo, y ama la justicia;** El hombre recto mirará su rostro. Salmo 11:4-7.*

ELOHIM 'EMETH ~ Dios verdadero

📖 *Jeremías 10:10, Mas Jehová es el **Dios verdadero;** él es Dios vivo y Rey eterno; a su ira tiembla la tierra, y las naciones no pueden sufrir su indignación.*

Los judíos consideraban que la **esencia** de Dios es la verdad o el Dios verdadero era comparado a la sabiduria. La palabra hebrea "verdad" es /emeth/, esta palabra se compone de tres letras hebreas: אֱמֶת que son; ALEF, MEM y TAV. Empieza (de dechera a Izquierda) con la letra primera del alfabeto (alef) y termina con la última letra del alfabeto (tav.) Este hecho hizo que la tradición hebrea encontrase un significado espiritual en esta palabra.

- ○ ALEF = אֱ Primera letra
- ○ MEM = מ
- ○ TAV = ת La palabra Tav significa "marca"

El hecho de que haya la letra /alef/ en el inicio de la palabra verdad en hebreo, indica que:

Dios es el primero de todas las cosas, que no hay ninguno antes que Él de quien hubiera podido recibir la plenitud de la verdad.

Igualmente la /tav/, {ת} última letra de la palabra /emeth/ significa: **que Dios es el final de todas las cosas y que detràs de El no habrà quien pueda recibir el legado de la verdad.**

En este sentido /emeth/ es una palabra que vive y es espiritual, ya que expresa que la "verdad" vive en toda su plenitud en Dios. EMETH revela la lo que es verdaderamente la verdad, en la misma esencia de Dios.
La letra [Tav] tiene como significado: "signo, marca, cruz". En la profecía de Ezequiel la vemos como un signo de salvación, y se halla colocada en la frente de aquellos que debían salvarse de la muerte. La [Tav] es el sello divino.

Tav es la "marca", el sello divino y el primer signo mencionado en la Biblia en Génesis 4:15.

Dios es verdadero y no hay mentira ni sombra de variación en ÉL. Muchos llamados cristianos tienen la costumbre de usar frecuentemente "mentiras piadosas" sin embargo eso denota la pobreza espiritual en la que viven, sin conocer a profundidad a su Dios. Simplemente no han conocido a plenitud el carácter y la postura original de la esencia de Dios. Si alguien se llama "cristiano" debe seguir las pisadas del maestro, y ser cada día más semejante a Él. Los caminos de Dios son caminos de santidad, porque 'Él es justo y verdadero.

En el cántico de Moisés de describe su nombre /Emeth/, como el Dios Justo y verdadero.

Y cantan el cántico de Moisés siervo de Dios, y el cántico del Cordero, diciendo: Grandes y maravillosas son tus obras, Señor Dios Todopoderoso; ***justo y verdadero*** *son tus caminos, Rey de los santos. Apocalipsis 15:3.*

Al ser un Dios Justo la fidelidad y la verdad se unifican.

LECCIÓN X – NOMBRES VARIADOS

ABBA o ABOON - Padre.

📖 *Marcos 14:35-36. Yéndose un poco adelante, se postró en tierra, y oró que si fuese posible, pasase de él aquella hora. Y decía: Abba, Padre, todas las cosas son posibles para ti;*

El arameo fue el idioma espléndido de los lenguajes Semíticos, abarcando una extensión desde Egipto hasta la Cuenca Indus y el espacio de tierra santa del Cercano Oriente, desde el 1,200 a.C. hasta el 600 d.C.

ABBA fue la expresión para referirse al Padre-Dios como afecto y acercamiento personal.

También Jesús lo uso para orarle a su Padre celestial, cuando estaba en dialogo íntimo con Él. Esto es equivalente en castellano a la palabra "papi o papito". Jesús había venido al mundo para hacer la voluntad de su ABBA, y estaba dispuesto a mantener este compromiso bajo cualquier circunstancia adversa y contraria en su vida. Muchos oran: "Diosito mío, o Jesusito", está bien, pero son pocos los que han conocido la revelación del Padre como tal.

Al Padre solo se puede ir a través de la Sangre de Jesús y con reverencia y santo temor. Se debe conocer el lugar santísimo y adorarle en Espíritu y en *"emeth"*, sabiendo quien es 'El. El Padre es el que da identidad de hijo. Por eso se ve tantos cristianos inseguros de su salvación y apartados del camino. El Padre da seguridad de quien somos, porque el primer encuentro es con el Espíritu Santo luego este nos revela a Cristo y Cristo al Padre.

'ATTIQ YOWM ~ Anciano de días

📖 *Daniel 7:9-10. Estuve mirando hasta que fueron puestos tronos, y se sentó un Anciano de días, cuyo vestido era blanco como la nieve, y el pelo de su cabeza como lana limpia; su trono llama de fuego, y las ruedas del mismo, fuego ardiente.*

Esta expresión es encontrada solo en Daniel 7:9, versículos 13 y en el 22, donde en el arameo antiguo original revela: "al que se sienta sobre el Trono como el Divino". La palabra "Anciano" denota, sabiduría, estable-cimiento en conocimiento, plenitud en días, lleno de vivencia, también de eternidad y largura de vida. ¡Este es nuestro Padre celestial! La expresión *"Al que está sentado en el trono"*, da la misma contexta; establecimiento y madurez. El hecho de que está *sentado* muestra, "que todo está bajo su control", autoridad y reinado.

La primera vez que se nombra esta expresión, se realza su grandeza y poder de "autoridad máxima" (v.9) La segunda vez que se menciona (en el v.13) venía en medio de las nubes del cielo, y dice: *uno como "un hijo de hombre" y se le dio, dominio, gloria y reino, para que las naciones, pueblos y lenguas, le sirvieran.* 'Esta es la coronación de Jesucristo bajo el título de *"toda autoridad en el cielo y en la tierra".* La última expresión de ANCIANO DE DIAS se ve en el verso 22. Viene el Anciano de días, porque el tiempo ya está listo para que los santos reciban el reino. ¡Tremenda revelación del Padre ¿VERDAD?

HA SHEM ~ EL [Gran] Nombre

Fue el Nombre usado para definir a Dios usado por los fieles en los primeros siglos, para cumplir las palabras de Éxodo 20:7, el cual estaba prohibido pronunciar la palabra YHVH. Por tal razón la palabra **Jehová** fue sustituido por los judíos ortodoxos por *"Ha Shem"*.

KISSEI KAVOD – El Glorioso Trono.

El Trono representa el lugar donde desde allí gobierna y reina YHVH Dios, su santo santuario. Su trono es sempiterno, es el lugar más alto, el trono de su poder, del Señor de señores.

Jehová reina; se vistió de magnificencia; Jehová se vistió, se ciñó de poder. Afirmó también el mundo, y no se moverá. **Firme es tu trono** *desde entonces; Tú eres eternamente. Salmo 93:1-2*

Trono de gloria*, excelso desde el principio, es el lugar de nuestro santuario. ¡Oh Jehová, esperanza de Israel! todos los que te dejan serán avergonzados; y los que se apartan de ti serán escritos en el polvo, porque dejaron a Jehová, manantial de aguas vivas. Jeremías 17:12,13 Justicia y juicio son el **cimiento de tu trono***; Misericordia y verdad van delante de tu rostro. Salmo 89:14*

MESHIAH o MSHECHA – Mesías, El Ungido o "El que está Ungido".

…y dijo: Hemos hallado al Mesías (que traducido es, el Cristo). Y le trajo a Jesús. Juan 1:41-42

La palabra Mesías significa "el ungido". El título *Mesías* es exactamente eso: tener la "inscripción de algo", y no un nombre propio. Escribe el autor del libro de los Hebreos, que Jesús fue más ungido, que sus compañeros. Los compañeros del Mesías son los reyes, profetas y sumos sacerdotes que eran escogidos para ministrar al Señor en el templo. La Unción del aceite, sobre su cabeza, significaba separar, consagrar para el servicio santo del Señor. En el Antiguo Testamento la unción derramada sobre la cabeza, era para ejercer un oficio exclusivo para solo para los que eran escogidos para realizar la labor de: profetas, Reyes de Israel o Sacerdotes; Jesús fue ungido sobre estas tres áreas.

El título "Ungido" va muy unido a estos tres oficios; aunque para reinar debía ser ungido primeramente. Aunque los judíos de su época no lo reconocieron como Rey, JESÚS ES DE LA ESTIRPE DE DAVID y su reino es sempiterno, (no tendrá fin).

He aquí que vienen días, dice Jehová, en que levantaré a David renuevo justo, y reinará como Rey, el cual será dichoso, y hará juicio y justicia en la tierra. En sus días será salvo Judá, e Israel habitará confiado; y este será su nombre con el cual le llamarán: Jehová, justicia nuestra. Jeremías 23:5-6.

El Cristo vendrá nuevamente en gloria y reinará sobre el monte de Sión (Jerusalén) por mil años, después habrá cielos nuevos y tierra nueva y reinará eternamente y para siempre.

... y reinará sobre la casa de Jacob para siempre, y su reino no tendrá fin. Lucas 1:33

La palabra Mesías; es en hebreo, y el vocablo Cristo, viene del original Griego.

*El séptimo ángel tocó la trompeta, y hubo grandes voces en el cielo, que decían: Los reinos del mundo han venido a ser de nuestro Señor y de su **Cristo**; y él reinará por los siglos de los siglos. Apocalipsis 11:15*

RUACH HA KOIDESH - El Espíritu Santo

Viene del arameo 7306 /ruach/ viento, respirar, aliento, espíritu, mente. El espíritu de Dios me hizo, Y el soplo del Omnipotente me dio vida. Job 33:4 Es el Espíritu Imperecedero de Dios, el cual es Santo. Se manifiesta como parte de la trinidad. Dando testimonio en el cielo y en la tierra. Jesús lo recibió como Paloma sobre su cabeza. También fue ungido con aceite fresco. Esta expresión está conectada con el [*Hagios Pneuma*] palaba griega para referirse al Espíritu Santo.

...el Espíritu de verdad, al cual el mundo no puede recibir, porque no le ve, ni le conoce; pero vosotros le conocéis, porque mora con vosotros, y

estará en vosotros. Juan 14:17

PELE' ~ Admirable

...y se llamará su nombre Admirable... Isaías 9:6

Nombre usado para referirse al Mesías Rey, profetizado por el Espíritu de Dios al profeta Isaías. El nombre admirable viene de la raíz en hebreo */pele'/*, nombre proporcionado al hijo de Dios y significa: *algo maravilloso, admirable, un milagro de Dios.*

El hijo de Dios el Cristo, fue un milagro de Dios para la humanidad.
Dentro de la palabra */pele'/* encierra "lo milagroso hecho realidad en la redención y lo incomprensible de su maravilla hecho carne". Todo lo maravilloso de Dios está encerrado en ese nombre.

El Cristo fue una maravilla incomprensible para la mente humana.
¿Quién como tú, oh Jehová, entre los dioses? ¿Quién como tú, magnífico en santidad, Terrible en maravillosas hazañas, hacedor de prodigios? Éxodo 15:11

Oh Dios, santo es tu camino; ¿Qué dios es grande como nuestro Dios? Tú eres el Dios que hace maravillas; Hiciste notorio en los pueblos tu poder. Con tu brazo redimiste a tu pueblo, Salmo 77: 13-15.

La palabra en hebreo [*pele*] significa también en su totalidad:
  - Maravilla
  - Extraordinario
  - distinguido
  - Difícil de entenderlo
  - Los actos de Dios en juicio y redención

Todo esto encierra el nombre de "Admirable" dado al Cristo enviado del Padre.

YA'ATS ~ Consejero

...y llamará su nombre...consejero, Isaías 9:6

La palabra en hebreo [*Ya'ats*] significa: abogado, consejero, dar un consejo, propósito, dar un plan.

El Mesías tendría las condiciones de un buen abogado y consejero.
A través del Espíritu Santo y de la Palabra de Dios Jesucristo guió al pueblo para reconciliarlo con el Padre. El Cristo seria [*el logo*] de Dios; la palabra dada por su boca saldría del Espíritu de Dios. Jesús dijo: *...las palabras que yo os he hablado, son espíritu y vida. Juan 6:63.*

La función del Mesías como abogado es parte del plan de la redención.
Juan el apóstol ya anciano escribió: *si alguno hubiere pecado, abogado tenemos para con el Padre, a Jesucristo el justo.* 1 Juan 2:1

No solamente el abogado ayuda a resolver el problema sino que está capacitado para orientar y aconsejar.
¿Quién sino el hijo de Dios, Jesucristo es el más apropiado para ponernos a cuenta con el Padre celestial? **Consejero** es más que un nombre; Jesucristo es nuestro abogado, y mentor. Solo Él está esperando, que le creas y confíes totalmente, para recibir todo el consejo divino para tu vida.

'Ad'ab ~ Padre eterno

...y llamará su nombre...Padre eterno, Isaías 9:6

La palabra en hebreo [*'ad*] significa: Perpetuidad, para siempre, futuro continuo. También, continua existencia, "dura para siempre". La palabra eterno es no tener fin y también lo podemos comparar con /*El Olam*/ En este texto, específicamente en sentido profético, anuncia las virtudes del Mesías (próximo en venir). Isaías da cinco de los atributos más elocuentes relacionados con su deidad. En cada nombre se ve que el

Mesías anunciado estaría tan unido a su Padre que casi se mostrarían iguales aun en sus títulos.

"Padre eterno" es uno de ellos.

Al llegar el Mesías llegaría también la revelación del Padre, "El Dios escondido detrás del velo". Jesucristo lo daría a conocer, como nunca antes fue conocido. Hablaría sus palabras y lo revelaría a través de su vida. Padre eterno también nos perfila "al anciano de días" sentado en su trono, que a la vez revela la eternidad, del reinado de Cristo junto al Padre. Ya que el Padre le entregó todos sus enemigos y el derecho de sentarse en el trono de David eternamente y para siempre.

SAR SHALOM - Príncipe de paz

...y llamará su nombre...Príncipe de Paz, Isaías 9:6

Príncipe es referido a la estirpe de la genealogía real. El Cristo quien fue el hijo del Dios viviente, a la vez sería el candidato para llegar a ser Rey de Reyes. El Mesías como Príncipe saldría del Dios-Padre. Esta aparición no era por primera vez, sino que desde la eternidad el Rey y el príncipe son uno. La estirpe del príncipe se reveló como Rey–Sacerdote de Salem (Jerusalén) antes del llamado específico de Abraham-Isaac-Jacob- que sería "el pueblo futuro de Israel" antes que salieran en la escena del mundo. Una vez más se cumple la Palabra: *"antes de Abraham, YO SOY".*

Cuando Isaías profetiza el nombre del futuro Mesías, este ya había sido Rey de Salem, simplemente que ahora se estaba revelando públicamente. Aunque su aparición física aparentemente fue un "fracaso" como Rey, frente a las autoridades romanas y a los religiosos judíos, El sigue siendo Rey y volverá para tomar el Reino. Solo el Rey de la ciudad de "Paz" (Jerusalén) puede dar la verdadera paz.

RECUERDE, Por eso el nombre del Mesías prometido seria: Príncipe, por ser hijo del Rey de Reyes y por ser el futuro heredero del trono. (Perteneciéndole por ser hijo) y también por ser caracterizado su reinado bajo la plena bandera de paz y prosperidad. Jesucristo es el Rey de Salem "Ciudad de Paz". Él es el único con derecho legal que puede decir: Mi paz te doy, porque Él es la paz verdadera.

MAL´AK PANIYIM - Ángel de su faz

En toda angustia de ellos él fue angustiado, y el ángel de su faz los salvó; en su amor y en su clemencia los redimió, y los trajo, y los levantó todos los días de la antig:uedad. ISAIAS 63:9

ROSH PINNAH - Piedra de Fundamento

La piedra que desecharon los edificadores Ha venido a ser cabeza del ángulo. Salmo 118Ñ22 Torre en las murallas de Jerusalén E hizo en Jerusalén máquinas inventadas por ingenieros, para que estuviesen en las torres y en los baluartes, para arrojar saetas y grandes piedras 2cronicas 26.15

LECCIÓN XI – NOMBRES DEL MESÍAS,

EL CRISTO

El Mesías, El Cristo

Es el título más alto dado al "hijo del hombre", Jesús fue el "ungido del Padre". El profeta Isaías escribió acerca de siete manifestaciones diferentes del Espíritu de Dios sobre Jesucristo.

Este halló primero a su hermano Simón, y le dijo: Hemos hallado al Mesías (que traducido es, el Cristo). Juan 1:41. La palabra Mesías, en hebreo significa [El ungido]

Jesús de Nazaret

Yo entonces respondí: ¿Quién eres, Señor? Y me dijo: Yo soy Jesús de Nazaret, a quien tú persigues. Hechos 22:8. Nazaret fue el lugar regional donde vivió y se crio Jesús.

El Hijo Unigénito

En esto se mostró el amor de Dios para con nosotros, en que Dios envió a su Hijo unigénito al mundo, para que vivamos por él. 1 Juan 4:9. La palabra unigénito significa "uno". Uno es Dios, uno es el hijo y uno es el Espíritu Santo. Denota unidad en el cual se esconde el nombre original de Dios.

El Hijo

Así que, si el Hijo os libertare, seréis verdaderamente libres. Juan 8:36.

Hijo Amado

Y hubo una voz de los cielos, que decía: Este es mi Hijo amado, en quien tengo complacencia. Mateo 3:17.

Hijo de David

Libro de la genealogía de Jesucristo, hijo de David, hijo de Abraham. Mateo 1:1.

La Raíz y el Hijo de David

Yo Jesús he enviado mi ángel para daros testimonio de estas cosas en las iglesias. Yo soy la raíz y el linaje de David, la estrella resplandeciente de la mañana. Apocalipsis 22:16.

Hijo de Abraham

Libro de la genealogía de Jesucristo, hijo de David, hijo de Abraham. Mateo 1:1.

Simiente de Abraham

Ahora bien, a Abraham fueron hechas las promesas, y a su simiente. No dice: Y a las simientes, como si hablase de muchos, sino como de uno: Y a tu simiente, la cual es Cristo. Gálatas 3:16.

Hijo de José

Felipe halló a Natanael, y le dijo: Hemos hallado a aquel de quien escribió Moisés en la ley, así como los profetas: a Jesús, el hijo de José, de Nazaret. Juan 1:45.

Hijo del Hombre

Jesús le dijo: Tú lo has dicho; y además os digo, que desde ahora veréis al Hijo del Hombre sentado a la diestra del poder de Dios, y viniendo en las nubes del cielo. Mateo 26:64.

Hijo de Dios

Más Jesús callaba. Entonces el sumo sacerdote le dijo: Te conjuro por el Dios viviente, que nos digas si eres tú el Cristo, el Hijo de Dios. Mateo 26:63.

Hijo del Padre

Sea con vosotros gracia, misericordia y paz, de Dios Padre y del Señor Jesucristo, Hijo del Padre, en verdad y en amor. 2 Juan 1:3.

Hijo del Altísimo

Este será grande, y será llamado Hijo del Altísimo; y el Señor Dios le dará el trono de David su padre. Lucas 1:32.

Hijo Unigénito de Dios

A Dios nadie le vio jamás; el unigénito Hijo, que está en el seno del Padre, él le ha dado a conocer. Juan 1:18.

Primogénito

Y otra vez, cuando introduce al Primogénito en el mundo, dice: Adórenle todos los ángeles de Dios. Hebreos 1:6.

Primogénito de toda creación

El es la imagen del Dios invisible, el primogénito de toda creación. Colosenses 1:15.

Principio de la creación de Dios

Y escribe al ángel de la iglesia en Laodicea: He aquí el Amén, el testigo fiel y verdadero, el principio de la creación de Dios, dice esto. Apocalipsis 3:14.

Primogénito de entre los muertos

Y de Jesucristo el testigo fiel, el primogénito de los muertos, y el soberano de los reyes de la tierra. Al que nos amó, y nos lavó de nuestros pecados con su sangre. Apocalipsis 1:5.

El ultimo Adán

Así también está escrito: Fue hecho el primer hombre Adán alma viviente; el postrer Adán, espíritu vivificante. 1 Corintios 15:45.

Rabí: Maestro

Pero vosotros no queráis que os llamen Rabí; porque uno es vuestro Maestro, el Cristo, y todos vosotros sois hermanos. Mateo 23:8.

Rey de Israel

El Cristo, Rey de Israel, descienda ahora de la cruz, para que veamos y creamos. También los que estaban crucificados con él le injuriaban. Marcos 15:32.

Rey de los judíos

Y pusieron sobre su cabeza su causa escrita: ESTE ES JESÚS, EL REY DE LOS JUDÍOS. Mateo 27:37.

EL VERBO DE DIOS - La Palabra de Dios

Estaba vestido de una ropa teñida en sangre; y su nombre es: EL VERBO DE DIOS. Apocalipsis 19:13.

La Palabra de Vida

Lo que era desde el principio, lo que hemos oído, lo que hemos visto con nuestros ojos, lo que hemos contemplado, y palparon nuestras manos tocante al Verbo de vida.1 Juan 1:1.

La Vida

Le dijo Jesús: Yo soy la resurrección y la vida; el que cree en mí, aunque esté muerto, vivirá. Juan 11:25.

YO SOY

Jesús les dijo: De cierto, de cierto os digo: Antes que Abraham fuese, yo soy. Juan 8:58

SEÑOR

... porque todo aquel que invocare el nombre del Señor, será salvo. Romanos 10:13.

Dios

En el principio era el Verbo, y el Verbo era con Dios, y el Verbo era Dios. Juan 1:1.

El Hombre

Y salió Jesús, llevando la corona de espinas y el manto de púrpura. Y Pilato les dijo: ¡He aquí el hombre! Juan 19:5.

Emanu-El – [Dios con nosotros]

He aquí, una virgen concebirá y dará a luz un hijo, Y llamarás su nombre Emanuel, que traducido es: Dios con nosotros. Mateo 1:23.

Salvador del mundo

y decían a la mujer: Ya no creemos solamente por tu dicho, porque nosotros mismos hemos oído, y sabemos que verdaderamente éste es el Salvador del mundo, el Cristo. Juan 4:42.

El Liberador

...y luego todo Israel será salvo, como está escrito: Vendrá de Sion el Libertador, Que apartará de Jacob la impiedad. Romanos 11:26.

Jesús el Profeta

...y la gente decía: Este es Jesús el profeta, de Nazaret de Galilea. Mateo 21:11.

Santo, Justo

..mas vosotros negasteis al Santo y al Justo. Hechos 3:14.

Príncipe

A éste, Dios ha exaltado con su diestra por Príncipe y Salvador, para dar a Israel arrepentimiento y perdón de pecados. Hechos 5:31.

Autor de la Vida

...y matasteis al Autor de la vida, a quien Dios ha resucitado de los muertos, de lo cual nosotros somos testigos. Hechos 3:15.

Príncipe de pastores

...Y cuando aparezca el Príncipe de los pastores, vosotros recibiréis la corona incorruptible de gloria. 1 Pedro 5:4

Buen Pastor

El buen pastor su vida da por las ovejas. Juan 10:11.

Pastor y Guardián de nuestras almas

Porque vosotros erais como ovejas descarriadas, pero ahora habéis vuelto al Pastor y Obispo de vuestras almas. 1 Pedro 2:25

El Cordero, de Pascua y de Dios

...que decían a gran voz: El Cordero que fue inmolado es digno de tomar el poder, las riquezas, la sabiduría, la fortaleza, la honra, la gloria y la alabanza. Apocalipsis 5:12

Limpiaos, pues, de la vieja levadura, para que seáis nueva masa, sin levadura como sois; porque nuestra pascua, que es Cristo, ya fue sacrificada por nosotros. 1 Corintios 5:7

...mirando (Juan el Bautista) a Jesús que andaba por allí, dijo: He aquí el Cordero de Dios. Juan 1:36

León de Judá:

Y uno de los ancianos me dijo: No llores. He aquí que el León de la tribu de Judá, la raíz de David, ha vencido para abrir el libro y desatar sus siete sellos. Apocalipsis 5:5

Jesucristo, el abogado justo

Hijitos míos, estas cosas os escribo para que no pequéis; y si alguno hubiere pecado, abogado tenemos para con el Padre, a Jesucristo el justo. 1 Juan 2:1

Luz del mundo

Otra vez Jesús les habló, diciendo: Yo soy la luz del mundo; el que me sigue, no andará en tinieblas, sino que tendrá la luz de la vida. Juan 8:12

Rey de Reyes y Señor de Señores:

Y en su vestidura y en su muslo tiene escrito este nombre: REY DE REYES Y SEÑOR DE SEÑORES. Apocalipsis 19:16

El testigo fiel y Verdadero, el Amén

... y de Jesucristo el testigo fiel, el primogénito de los muertos, y el

soberano de los reyes de la tierra. Al que nos amó, y nos lavó de nuestros pecados con su sangre. *Apocalipsis 1:5*

Entonces vi el cielo abierto; y he aquí un caballo blanco, y el que lo montaba se llamaba Fiel y Verdadero, y con justicia juzga y pelea. *Apocalipsis 19:11*

...Y escribe al ángel de la iglesia en Laodicea: He aquí el Amén, el testigo fiel y verdadero, el principio de la creación de Dios, dice esto: *Apocalipsis 3:14*

Lucero de la mañana y Sol de justicia

Más a vosotros los que teméis mi nombre, nacerá el Sol de justicia, y en sus alas traerá salvación; y saldréis, y saltaréis como becerros de la manada. *Malaquías 4:2*

Yo Jesús he enviado mi ángel para daros testimonio de estas cosas en las iglesias. Yo soy la raíz y el linaje de David, la estrella resplandeciente de la mañana. *Apocalipsis 22:16*

El Apóstol

Por tanto, hermanos santos, participantes del llamamiento celestial, considerad al apóstol y sumo sacerdote de nuestra profesión, Cristo Jesús. *Hebreos 3:1*

El Gran Sumo Sacerdote

Por tanto, teniendo un gran sumo sacerdote que traspasó los cielos, Jesús el Hijo de Dios, retengamos nuestra profesión. *Hebreos 4:14*

La raíz y el linaje de David

Yo Jesús he enviado mi ángel para daros testimonio de estas cosas en las iglesias. Yo soy la raíz y el linaje de David. Apocalipsis 22:16

El Autor y Perfeccionador de la fe

... puestos los ojos en Jesús, el autor y consumador de la fe, el cual por el gozo puesto delante de él sufrió la cruz, menospreciando el oprobio, y se sentó a la diestra del trono de Dios. Hebreos 12:2

El Escogido

He aquí mi siervo, yo le sostendré; mi escogido, en quien mi alma tiene contentamiento; he puesto sobre él mi Espíritu; él traerá justicia a las naciones. Isaías 42:1

El Mediador

Porque hay un solo Dios, y un solo mediador entre Dios y los hombres, Jesucristo hombre, el cual se dio a sí mismo en rescate por todos, de lo cual se dio testimonio a su debido tiempo. 1 Timoteo 2:5-6

El Camino, La Verdad y La Vida

Jesús le dijo: Yo soy el camino, y la verdad, y la vida; nadie viene al Padre, sino por mí. Juan 14:6

La Puerta

Volvió, pues, Jesús a decirles: De cierto, de cierto os digo: Yo soy la puerta de las ovejas. Todos los que antes de mí vinieron, ladrones son y salteadores; pero no los oyeron las ovejas. Yo soy la puerta; el que por mí entrare, será salvo; y entrará, y saldrá, y hallará pastos. Juan 10:7-9

El Alfa y la Omega, el Primero y el Último, el Principio y el Fin

Yo soy el Alfa y la Omega, el principio y el fin, el primero y el último. Apocalipsis 22:13

La Cabeza del cuerpo, la Iglesia, de todas las cosas

y él es la cabeza del cuerpo que es la iglesia, él que es el principio, el primogénito de entre los muertos, para que en todo tenga la preeminencia; por cuanto agradó al Padre que en él habitase toda plenitud, Colosenses 1:18-19.

y sometió todas las cosas bajo sus pies, y lo dio por cabeza sobre todas las cosas a la iglesia, la cual es su cuerpo, la plenitud de Aquel que todo lo llena en todo. Efesios 1:22-23

Heredero de todas las cosas

...en estos postreros días nos ha hablado por el Hijo, a quien constituyó heredero de todo, y por quien asimismo hizo el universo; el cual, siendo el resplandor de su gloria, y la imagen misma de su sustancia, y quien sustenta todas las cosas con la palabra de su poder, habiendo efectuado la purificación de nuestros pecados por medio de sí mismo, se sentó a la diestra de la Majestad en las alturas, Hebreos 1:2-3.

La Imagen del Dios Invisible

El es la imagen del Dios invisible, el primogénito de toda creación. Porque en él fueron creadas todas las cosas, las que hay en los cielos y las que hay en la tierra, visibles e invisibles; sean tronos, sean dominios, sean principados, sean potestades; todo fue creado por medio de él y para él. Colosenses 1:15-16

Primogénito de toda creación Imagen

El es...el primogénito de toda creación. Colosenses 1:15

Misterio de Dios:

...para que sean consolados sus corazones, unidos en amor, hasta alcanzar todas las riquezas de pleno entendimiento, a fin de conocer el misterio de Dios el Padre, y de Cristo, Colosenses 2:2

Salvador

Y nos levantó un poderoso Salvador En la casa de David su siervo, Lucas 1:69

Sabiduría y Poder de Dios

...mas para los llamados, así judíos como griegos, Cristo poder de Dios, y sabiduría de Dios. 1 Corintios 1:24

Mi Amado

He aquí mi siervo, a quien he escogido; Mi Amado, en quien se agrada mi alma; Pondré mi Espíritu sobre él, Y a los gentiles anunciará juicio. Mateo 12:1

El esposo

El que tiene la esposa, es el esposo; mas el amigo del esposo, que está a su lado y le oye, se goza grandemente de la voz del esposo; así pues, este mi gozo está cumplido. Juan 3:29

El Pan de Dios, del Cielo y de Vida

Y Jesús les dijo: De cierto, de cierto os digo: No os dio Moisés el pan del cielo, mas mi Padre os da el verdadero pan del cielo. Porque el pan de Dios es aquel que descendió del cielo y da vida al mundo. Juan 6:32-33

Jesús les dijo: Yo soy el pan de vida; el que a mí viene, nunca tendrá hambre; y el que en mí cree, no tendrá sed jamás. Juan 6:35

La Viña Verdadera

Yo soy la vid verdadera, y mi Padre es el labrador. Juan 15:1

La Resurrección

Yo soy la resurrección y la vida. Juan 11:25

Redentor

Pero tú eres nuestro padre, si bien Abraham nos ignora, e Israel no nos conoce; tú, oh Jehová, eres nuestro padre; nuestro Redentor perpetuo es tu nombre. Isaías 63:16

Con un poco de ira escondí mi rostro de ti por un momento; pero con misericordia eterna tendré compasión de ti, dijo Jehová tu Redentor. Isaías 54: 8

Mediador

Porque hay un solo Dios, y un solo mediador entre Dios y los hombres, Jesucristo hombre, 1 Timoteo 2:5

...a Jesús el Mediador del nuevo pacto, Hebreos 12:24

El que estuvo muerto pero he aquí que vive

El primero y el postrero, el que estuvo muerto y vivió, dice esto: Apocalipsis 2:8

EPILOGO

Conocer a Dios a través de su nombre es algo profundo y apasionante. Cada derivado del mismo nos da a entender su carácter, su amor, su pasión y su persona. Te animamos para analizar cada uno de ellos, experimentando el poder de la revelación que hay en cada nombre.

Recuerda conocer a Dios es poder tener más intimidad con El, disfrutar de su comunión y creerle más, esto es entrar a nuevas dimensiones de victoria, fortaleza y madurez, tanto física, mental y espiritual.

Cada atributo de Dios Padre y aun de su amado Hijo Jesucristo es para tu beneficio, crecimiento y siendo un instrumento de expansión en la manifestación y proyección del Reino de Dios.

Nuestro deseo es que hayas podido disfrutar de su presencia en cada página de este libro. Dios te siga bendiciendo y recuerda continuamente que Él es Fiel y Verdadero para llevarte a nuevos niveles de gloria y poder.

BIBLIOGRAFÍA

Biblia de Estudio Arco Iris. Versión Reina-Valera, Revisión 1960, Texto bíblico copyright© 1960, Sociedades Bíblicas en América Latina, Nashville, Tennessee, ISBN: 1-55819-555-6.

Biblia Plenitud. Versión Reina-Valera, Revisión 1960, ISBN: 089922279X, Editorial Caribe, Miami, Florida.

El Pequeño Larousse Ilustrado. 2002 Spes Editorial, S.L. Barcelona; Ediciones Larousse, S.A. de C.V. México, D.F., ISBN: 970-22-0020-2.

Reina-Valera 1995 - Edición de Estudio, (Esta-dos Unidos de América: Sociedades Bíblicas Unidas) 1998.

Strong James, LL.D, S.T.D., *Concordancia Strong Exhaustiva de la Biblia*, Editorial Caribe, Inc., Thomas Nelson, Inc., Publishers, Nashville, Tennessee - Miami, FL, EE.UU., 2002. ISBN: 0-89922-382-6.

La biblia de estudio MacArthur, 2004 editorial Portavoz, ISBN 0-8254-1532-2, P. O. Box 2607, Grand Rapids, Michigan 49501 USA

www.ingramcontent.com/pod-product-compliance
Lightning Source LLC
LaVergne TN
LVHW081347060426
835508LV00017B/1459

* 9 7 8 1 5 9 9 0 0 0 9 3 0 *